U0111787

大展好書　好書大展
品嘗好書　冠群可期

少林功夫 26

少林
內功真經

田建強 編著

大展出版社有限公司

目　錄

第一章 概 論

一、內功與外功之區別

凡練習武術之人，除各種拳法之外，必兼練一兩種功夫以輔其不足。蓋以拳法為臨敵時動作之法則，而功夫則為制敵取勝之根本。若練就功夫而不諳拳法，應敵時雖不免為人所乘，其吃虧尚小；若單知拳法而不習功夫，則動作雖靈敏，要不足以制人，結果必大吃其虧。故有「打拳不練功，到老一場空」之諺。此功夫之不可不練也。

功夫之種類，亦繁複眾多，不遑枚舉，然就大體區分之，則不出乎兩種，即外功與內功是也。

外功則專練剛勁，如打馬鞍石、鐵臂膊等，制人則有餘，而自衛則不足。

內功則專練柔勁，如易筋經、捶練等法，皆行氣入膜，以充實其全體，雖不足以制人，而練至爐火純青之境，非但拳打腳踢，不能損傷其毫髮，即刀劈劍刺，亦不能稍受傷害。依此而論，則內功之優於外功，固不待智者而後知也。

且練習武術之人，本以強健體魄、卻病延年為本旨，學之兼以防毒蛇猛獸之侵凌及盜賊意外等患害，非所以教

人尚攻殺鬥狠者也。故涵虛禪師之言曰：「學武技者，尚德不尚力，重守不重攻；唯守斯靜，靜是生機；唯攻乃動，動是死機。」練外功者，劈擊點刺，念念在於制人，是重於攻，若守則此等功夫，完全失其效用。功則非但可以殺人，亦且足以自殺，所謂之死機。

練內功者，運氣充體，如築壁壘，念念在於自保。他人來攻，即有功夫兵刀，皆不足以傷害我，我亦處之泰然，任其襲擊，亦不至於殺人。則守之一字，其功正大，既能自保，亦正不必再出手攻人，因攻我者不能得志，勢必知難而退也，故謂之生機。

然世之學武者，又恒多練習外功，而少見練內功者，則又何故耶？因外功一事，學習既較為便利，而所費時日又較短少，無論所習者為何種外功，多則三年，少則一年，必可見效。如練打馬鞍石，三年之後，拳如鐵石，用力一擊，可洞堅壁。至若內功，則殊不易言成，一層進一層，深奧異常，學之既繁複難行，而所費時日，亦必數倍於外功，且不能限期成功，故人皆畏其難而卻步矣。

他派固勿論，即投身少林門中者，彼未始不知少林一派中亦有精純之內功，顧皆捨此而習外功者，實避重就輕之心理使然也。至練習內功，略無根基，入手即練，其難自不待言。若意志堅強，身體壯健，而其人又具夙慧者，練此最為相宜，因內功固重於悟性也。

二、少林內功與道家內功之異同

先強健體魄，而後易收明心見性之功也，自此少林武

術，遂成一派，時在梁隋之際也。及乎宋代，武當道士張三豐，修真養氣，而得神傳之秘。應詔入京，途中遇寇，一夜之間，以單丁殺賊百餘人。其武術亦為世所推重，從遊以求其技者，亦頗眾多，至是武術除少林一派之外，又增一武當派矣。故今之學武術者，不出於少林，即出於武當。

顧少林之術，似屬於剛，專注意於力之作用；而武當之術，如太極、八卦等拳法，皆以柔勝，純任自然，而專注意於氣之作用。因此，世人又強指少林為外家功夫，以武當為內家功夫，殊不知內功、外功之分別，並不在於兩家之宗派也。剛柔寓陰陽之理，剛屬陽，而柔屬陰，陰陽相濟，始可孕育化生。獨陰不生，孤陽不長，此一定不易之理也。於萬物皆如此，而謂於武術一道，反能越出此理乎？

少林派之武術，顯剛隱柔，即所謂寓柔於剛者是也，故可以鼓氣以擊人；武當派之武術，顯柔隱剛，即所謂寓剛於柔者是也，故亦可以鼓氣以禦敵。因皆剛柔相濟、陰陽相生之法，若少林有剛而無柔，武當有柔而不剛，則我實未見其可也。唯因此而宗派出矣。

宗派既分，門戶斯立。如同學於少林門下之人，因師父之不同，而手法稍異，則必號於眾曰，我師何人也，我之所學某家之行派；甚有一知半解之徒，略習皮毛，即變更成法，專取悅目，而自鳴得意，自立門戶，以期炫耀於世；此於少林、武當兩派之外，又有所謂某家拳、某家掌，但一究其實，則其本源要不出兩派也。

至於內外功夫，兩派中本皆有之，唯後人門戶之見太

深，凡學少林派者，則指武當為柔術，而不言其外功；學武當派者，則指少林為外功，而不言其內功。積久而此種見解，遂成為學武者之通病矣。今試執一略知武術者，而詢其內功之源流，則彼必猝然而對白：是出於道家，而武當實甚嚆矢。若語少林內功，彼必嗤為妄言，而必不肯信。斯非過甚之言也。世間萬事，只要門戶之見一深，即易發生此弊。

固不僅武術然也，即以文事喻之，孔孟之徒，必斥楊墨；而楊墨之徒，必非孔孟。其實孔孟之學，固足為法，而楊墨之學，亦有可取，其所以不能相容而互相排斥者，門戶之見深也。

故謂：欲集各家之長，必先破門戶之見而後可。若斥斥於此，勢成冰炭，無融合之餘地，則兩派之長，固可保持，欲熔冶一爐，而推闡演進，以求其最精奧之武術，必不能也。

且猶有說者，武當祖師張三豐之武術，亦從少林派中得來；且有謂張實在出於少林之門。此說雖無可徵信，不足為據，而明代著名之武當派武術家如張松溪等，其初固皆從少林派學，後始轉入武當門下者。由此以觀，則兩派固可相容，而不必互相排斥者矣。

其實，少林派中各種功夫，並非完全為外功，亦自有內功在。易經、洗髓二經，所列各法，而能稱之為外功乎？更進一步言之，道家練氣而講胎息，佛家養氣而講禪定，我人試就此胎息與禪定二事，而究其妙用之所在，其理果有所異乎？

一則心中念念在道，一則心中念念在佛，表面雖微有

不同，實際則互相吻合，此所謂殊途同歸者是矣。

　　然如此強調少林內功，非必欲苟異於人，而強別於武當派之內功，實因少林亦固有其內功，以世人忽視而不傳，甚為可惜。故不厭詞費而述之，使世之學武者知少林亦非專以外功見長也。更願學武者皆平心靜氣，破除門戶之見，將兩派之內功，互相參證，而求融合發明之道，使達最高無上之域。則強種強國，固可於此中求之，而益壽引年之機，亦寄於此焉。

　　須知內功入手極難，不似外功之舉手投足及拔釘、插沙之簡易，但練成之後，雖不能白日飛升，然身強力健，上壽可期。學者勿畏其難而卻步也。

　　少林中之所謂內功者，是否與道家之內壯功夫相同，此問題更為急須解決者。

　　大概今人之言內功者，皆指道家煉丹修道之內功而言，所以謂少林係外家而無內功者，亦由於是。蓋少林為釋氏之徒，以拯拔一切眾生為旨，非專修一己之壽命者，故無所謂煉丹等事。因此外界遂以為既無修煉之術，自然決無內功之言矣，此誠極大之謬誤也！

　　殊不知少林武術之內功，與道家之內功，固截然不同，二者可相印證，可相發明，而決端不能混為一談也。然其間亦微有相同之處，即運行氣血以充實身體是也。茲且分述其不同之點，以證明少林武術中之內功，非即道家之所謂內功也；亦所以證內功，少林派中亦自有之，而非武當所專擅者也。

　　夫道家之所謂修煉者，其主旨在於證道成仙，其練法則重於運氣、凝神、聚精，使三者互相結合，將本身內

陰、陽二氣相融會，而名之曰：和合陰陽。陰陽既和，又必使其精神媾合，如行夫婦道，則名為：龍虎媾。既媾之後，精神凝聚，如婦人之媾而成孕，則名為：聖母靈胎。待此靈胎結成，而具我像，則名為：胚育嬰兒，而大丹成矣。由此而證道登仙矣。

練此者為內功，而彼以燒鉛、練汞者，固不與焉。然其所謂內功，雖非如是簡略容易，但就此以推求之，則與武功竟無絲毫之關係。雖證道之後，成為不壞之身，而不虞外面之侵害，但成者，古今來能有幾人哉？

至於少林中之武術內功，則無所謂靈胎、胚育等能事，唯運氣則相同，其主旨在於以神役氣，以氣使力，以力凝神，三者循迴往復，周行不息，則身健而肉堅矣。吾人之生也，固全恃乎氣血，而氣之運行，完全在於內府，而外與血液依筋絡而循行相應，而體膜之間，氣固不能達也。

少林武術內功之所謂內功者，即將氣連於內膜，而使身體堅強之法也，亦非如道家修煉之氣注丹田、融精會神也。此功練成之後，雖不能名登仙籍，長生不老，而全身堅實，我欲氣之注於何處，則氣即至何處。氣至之處，筋肉如鐵，非但拳打足踢，所不能傷，即劍刺斧劈，亦所不懼，以氣充於內也。

後所謂金鐘罩、鐵布衫等法，僅練得內功之一部分而已，實未足以語此也。此等功夫，練者雖不多，然吾人猶能於千百人中，見其一二，非若真仙不能一見者也。此少林之內功，練習較外功固繁難倍從，然較諸武當道家之內功，猶容易不少也。

三、內功之主要關鍵

練習內功，極難入手，非若練外功之專靠肢體之動作與勤行不怠即可收效也。因內功之重者，在於運氣。我欲氣至背，氣即充於背；我欲氣至臂，氣即充於臂，任意所之，無往不可，斯能收其實用。試思，欲其如此，談何容易。夫氣本不能自行，其行，神行之也。故在入手之初，當以神役氣。蓋入手時，毫無根基，而欲氣之任意運行而無所阻閡，固所不能。

所謂以神役氣者，即從想念入手。如我欲氣注於背，我之意想先氣而達於背，氣雖未到，神則已到。如此久思，氣必能漸漸隨神俱到，所謂氣以神行者是也。此一步法則，亦極難辦到，由意想而成為事實，頗費周折，不僅行功，萬事皆然也。

在初行之時，固定一部，而加以運用，先則意至，次則神隨意至，終則氣隨神至。達最後一步後，再另換一個部分，依發運行之。如此一處處逐漸更換，以迄全身。乃更進一步，使氣可隨神運行全身各部，而毫無阻滯，斯則大功可成矣。唯「以神役氣」四字，言之匪艱，行之唯艱，練至成功，其間不知須經過多少周折，而行功唯一之關鍵，即在於此。

行功所最忌者，為粗浮、躁進、貪得、越躐等事。練習外功者固亦忌此，然練習內功，忌之尤甚。因外功如犯此數忌，雖足以為害，而其害僅及肢體；如內功而犯此等弊病，其為害入於內部。肢體之傷易治，內部之傷難醫，

故務須注意焉。且每聞有因練習內功，而成為殘廢或發瘋癲、癱瘓等症者，人每歸罪於內功之遺害，殊不知彼於行功之時，必犯上述之弊病而始致如此。

蓋粗浮則神氣易散，躁進則神氣急促，越躐即氣不隨神，貪得則神敗氣傷，要皆為行功之大害。且犯此弊病者，頗不易救。因我人之生存，全憑此一口氣息，氣存則生，氣盡則死，氣旺則康強，氣散則疾病，運行不當，氣足以致害也，不言可知矣。粗心浮氣之人，運氣不慎，而入於岔道，不能退出，如走入盡頭之路，勢必成為殘疾；若躁進越躐，功未至而欲強之上達，則如初能步履之兒，而使跳躍，鮮有不仆者。癱瘓、瘋癲一類病症，實皆由此而致，非內功不良之足以遺害，實練習者不自審慎，以至蒙其害也。

凡練習內功之人，對於此種關鍵處，能加以注意，則難關打破，不難成功矣。故曰：貪多務得，非但不能成功，且輕則害及肢體，重則危及生命，實自殺之道，非練功之本旨也。願學者慎之！

四、內功與呼吸

呼吸一法，在道家稱為吐納，即吐濁、納清之意也。呼吸乃弛張肺部之法。夫肺為氣之府，氣為力之君，言力者不離乎氣。肺強者力旺，肺弱者力微，此千古不易之理也。故少林派中對於此事亦非常注意，且有費盡苦功專習呼吸，而增其氣力者。

洪慧禪師之言曰：呼吸之功，可令氣貫全身，故有鼓

氣於胸、肋、腹、首等部，令人用堅木、鐵棍猛擊而不覺其痛楚者，氣之鼓注包羅故也。

然欲氣之鼓注包羅，而充實其體內，亦非易事，當於呼吸上下一番苦功也。唯呼吸一事，在表面上視之，似極簡便易行，然於時於地，皆當審擇，偶不慎非但不能得其益，反足以蒙其害。

呼吸之練習，亦有數忌：

(1) 在初入手學習之時，呼吸切須徐緩，以呼吸各四十九度而定。行時徐徐納之，緩緩吐之，不可過猛，亦不可前後參差，第一呼吸其速度如何，則至末一次之呼吸，速度仍依舊狀。其度數自四十九度起，逐漸增加，至八十一度為止。若呼吸過猛及參差等，皆為大忌，俱足妨害身體。

(2) 呼吸之時地，亦極重要。晨間清氣中升，潔淨異常，是時呼吸，最為合宜。其地則當擇空曠幽靜之區，則清氣多，口中吐出之濁氣易於消散，吸入之氣，清純無比。若塵濁污穢之地，以及屋中，亦所切忌，以其清氣少而濁氣多也。

(3) 呼吸之初，不妨以口吐氣，將肺中惡濁驅出，但以三口至七口為度，以後概用鼻孔呼吸，方可免濁氣侵入肺部之患。呼吸時又須用力一氣到底，始可使肺部之張縮，以盡吐濁納清之用，以增氣力。若完全用鼻納氣，用口吐氣，亦所當忌。

(4) 呼吸之際，又宜專心致志，不可胡思亂想，心志不寧。若犯此病，則氣散神耗，氣散於外，則所害猶小；若散於內，攻動內腑，為害最烈。故思慮一事，亦宜戒

忌。

以上所述各端，如能加意，則功成之後，周身筋脈靈活，骨肉堅實，血氣行動可以隨呼吸而貫注，意之所至，氣無不至；氣之所至，力無不至，可謂極盡運行之妙矣。

五、練功之三要

練習功夫者，有三項要務，不可不知。此三項要務，即漸進、恒心、節慾是也。

凡平素未曾練過功夫之人，其全身之脈絡筋骨，縱不至若何呆滯，然亦決不能十分靈活，與練過武功者相較，自有天壤之別。此等人如欲練習武功，不論其為外功或內功，務須由漸而入，始可逐步練去，而使其脈絡筋骨，隨之而漸趨靈活。若入手之時，即遽練劇烈之術，而用力過猛，必蒙其害。輕則筋絡之弛張失調，血氣壅積而成各種暗傷；重則腑臟受震過度，亦足以發生損裂之患。每見少年盛氣之人，學習武功，而罹殘疾、癆傷等症，甚至因而夭折者，世人皆歸咎於武術之不良，實則非武術之咎，全因學者之不知漸進耳。

吾人處世立身，無論何事，皆須有恒心，始可有成，學習武功，自亦不能例外。練功之人，既得真傳之方法，與名師之指點，更當有恒心以赴之，勤敏以持之，方可有成功之望。若畏難思退，見異思遷，或有頭無尾中途停輟，是其與不學相等。吾人如與人談及此道，愛之者十常八九，唯能勤謹練習，始終不懈，而達成功之境者，實百不得一。是何故哉？豈武功之難，不易練成耶？非也，特

學者無恒所致耳。若能有恒心，無論其所練者為外功或為內功，則三年小成，十年大成，必不使人毫無所得，廢然而返也。

更有一事，為練功最緊要，人所不易免者，即一慾字是也。色慾之禍，固不下於洪水猛獸之為害。唯洪水猛獸，人尤知所趨避，而色慾一事，非但不知趨避，反樂就之。其中人也深，蒙害乃易。在尋常之人，亦宜以清以寡慾為攝生之要務，而在練習武功者，於此尤甚。練習內功，本欲使其精神血氣，互相團結，而致強身健魄之果，色慾一事，實足以耗其精血，散其神氣，而羸弱其身體者也。人身氣血，既經鍛鍊之後，則靈活易動，倘於斯時而犯淫慾，則全部精華，勢必如江河之決口，潰泛無遺，以至於不可收拾。如此而言練功，又烏足以得其益，反不如不練之為愈也。故練習內功者，必先節慾，然後可以神完氣足，精血凝固，而收行功之效也。

以上所舉三事，實為練習武功之最要關鍵，於人生有莫大之關係者。而少林門中弟子，對於此三事，皆奉為至法，不敢輕犯，此亦可見其重要矣。至於粗心浮氣之流，略得皮毛，即揚手擲足，耀武揚威，對於此等關鍵，亦漠視之。蓋非此等關鍵之不足重，蓋彼固不足以語此也。

六、內功之層次

禪分三乘，內功亦分三乘。

其上乘者，運化剛柔，調和神氣，任意所之，無往不可。剛非純剛，剛中有柔；柔非純柔，柔中有剛。其靜止

也，則渾然一氣，潛如無極；其動作也，則靈活敏捷，變化莫測。能運其一口大氣，擊人於百步之外，且無微不至，無堅不入。猝然臨敵，隨機而作，敵雖頑強，亦不能禦，且受傷者不知其致傷之由，跌仆者不知其被跌之故，誠如夭矯神龍，遊行難測，有見首不見尾之妙，固不必運用手足，而始能制人也。

此種功夫，為內功中之最高者。古之劍仙，能運氣鑄劍，在百步內取人，有如探囊取物者，即此功也。唯此等功夫，高深已極，不得真傳，決難練得。且運氣如此，亦非一二年所可成，勢非費盡苦功，歷盡磨折，始能如願。其法在今日雖不能謂為完全失傳，但絕無僅有，能者實不易見。

至於中乘，則功夫略遜於此，然亦能剛柔互濟，動靜相因。神氣凝結，雖不能運氣以擊人，亦可以神役氣，以氣運力，使其氣能周行全身，充滿內膜。氣質本柔，運之成剛，以禦外侮，非但拳打腳踢，所不能傷，即用利斧巨錘以劈擊之，亦不足以損其毫髮。

此等功夫，少林門中能者極多，即今日亦甚易見。此步功夫，雖不足制人，但則禦侮有餘。武術本為強身防患而練習，得此外侮不能侵，壽康亦可期，亦已足矣，更何必定求制人不法哉？此中乘功夫，雖可自習，顧其精奧之處，如不得名師指點，亦不易領悟。練習之時，最少亦須六七年，如天性魯鈍之人，或體弱多病之人，則困難尤多，更不止費此六七年也。

至於下乘，則不僅不足以運氣擊人，即運柔成剛，用以禦侮，亦感不足。但能將神氣會合，運行於內府，而不

能達於筋肉之內膜，其功效則在求內府調和，百病不生，強身延年，以享壽康之樂也。

此步功夫，可於治臟法中求之，練習時亦極簡便，但能持之以恆，即有成功之望，固不必如練習中乘、上乘之繁複也，大約兩年之間，即可見效。

且此一步功夫，實為內功入手之初步，即欲練習中乘或上乘功夫者，亦須同時注意於治臟。因內府不清，外邪襲入，即足以發生種種疾病。有病之人，欲行內功，實為不可能之事。氣散神傷，決難使用，非先去其病，使其神氣完固不可。此治臟之法，即廓清內府、消除疾病之極妙方法，勤謹行之，功效極大，且甚神速，故練習內功之人，宜兼治臟也。

七、練習內功之難關

吾人無論練習何種功夫，必有一二難關，而以內功尤甚。難關層疊，欲一一打破之，殊非易事。外功專重實力之練習，難關易過。內功則重於以氣行力，而偏於筋肉之內膜，故難關多而不易打破也。

練習先天十八法，每感身不隨身，手不應身之苦，非失之太猛，即失之太弛。然此難關，但能勤加練習，久後熟悉，則自能身手相隨，心手相印，不必盤根錯節，而可以不攻自破。

練習五拳之法，每易感到力至而氣不至，氣至而神不至，彼此失其連絡，而不能互相呼應。縱外面之形勢無誤，在實際上，實完全無一是處。此難關要於各拳法所練

之主要點，細加揣摩，應貫力者則貫力，應注氣者則注氣，各視其宜而行之，心志專一，久後亦易攻破。

練習前部易筋經時，必須氣力並行，無所不至，始達化境。唯在初時，往往只能力到，而氣不到。必須以意役神，以神役氣，使之漸能並行。此關實至不易，非經名師指點，與自己之悉心推闡不為功。

練習後部易筋經時，其難更勝。夫氣之一物，運行於內府，而能隨意行至，已屬不易，今乃欲注其氣，於筋膜脈絡之間，任意流行，而無所阻閡，此非難而又難之事乎？在初時，自當先從內府流行入手，待氣抵內府，流行活動之後，再進而練習筋膜間之貫注。此項功夫之法則，就大概言之，要不外乎以神役氣、以氣行力八字。然此中之奧妙，非經名師逐步指點，不能詳盡，固非筆墨所能形容，所謂但能意會、不可言宣者是也。凡練習內功之人，如能打破此一重難關之後，則前面皆光明大道，更無毫釐之障矣。

此外，如打坐等事，本於二三兩步功夫相並行者，亦有種種困難之處，每每有神思恍惚、意志不寧等弊病，然此等障礙，極易消除，但在人之抑制雜念，使心中光明澄澈，無思無慮足矣。

諺有云：天下無難事，只怕用心人。是可見無論任何難事，只需用心以求之，必能望其有成也。練習內功之人，亦自如此，其中難雖多，但能持之恒心，勤能不怠，更尋名師指撥，則日久之後，此項難關，亦能逐漸打破，而達登峰造極之境。若畏難而徘徊不進，或立志不堅，則難關打破，永無成功之日。世間之事，大都如此，固不僅

練習內功然也。

八、練功必求名師

　　學習武功，與學習文事，頗有不同之處。學文者但能識字，即可於書本中求其奧妙，而達於通曉之境。自己用功，即可登堂入室，故不必定須師傅耳提面命也。練習武功則不然，縱能得其門徑及各種動作，唯其精奧之處，則殊難探得，非經名師之指點，實無從領悟也。故武術界對於師傅之尊重，其原因即在於此。

　　而內功一法，實為尤甚。蓋外觀功拳法，尚為淺顯之事，雖門外之人，不能自悟，但一經說明，定能恍然。唯內壯功夫，其理極深，且隱晦異常，非但門外之人，不能自探其奧妙之所在，即經師傅指點，如自己之功夫未到者，亦不易瞭解。

　　故內功對於師傅，更為重要，且須自入手時起，至成功而止，在此時期之中，不能一日脫離師傅。蓋師傅之指點，亦須由漸而入，逐步做去，亦非能於短期間內，傾筐倒箱以出之者。

　　求師實為最要之事，如從師不良，則貽誤終身。故求師先必求名師，始能詳細指撥，而收探驪得珠之效。此事實一極難之事，蓋世間名師固不甚多也。古人云：效法乎上，僅得乎中。於茫茫人海中，欲求一術臻上乘而堪為我師者，豈易哉？外功拳師之術，能者尚多，求之尚易。若內功則精奧深邃，非常人能窺其門徑，而能者極鮮。欲求此項名師，誠難而又難之矣。唯因此項精奧深邃之故，更

不容不有名師之指點解釋。故練習少林內功者，於精勤修養之外，更須注意于師傅之人選，然後始可循序而進，克臻大成也。

九、練功與修養

練習武功之本旨，實在於鍛鍊身體，使之堅實康強，亦所以防蟲獸、盜賊之患，非教人以好勇鬥狠為事也，故涵虛禪師有「學習武術，尚德不尚力」之語。

夫至德所及，金石可開，豚魚能格，初不必借重武力，而始可使人折服也。故學習武事之人，對於道德之修養，亦為最重要之事。若不講道德，專事武功，雖未始足以屈人於一時，然終不能使人永久佩服，蓋力足以屈人之身，而不能屈人之心也。每見武術功深之人，謙恭有禮，和藹可親，縱有人辱之於通衢，擊之於光座，彼亦能忍受，韜晦功深，不肯輕舉妄動，以至人於傷害也。蓋彼功夫即精，若不如此，則舉手投足間，皆足以殺人。殺人為喪德之事，故不為也。

唯彼略得一二手勢，粗知武功皮毛者，則粗心浮氣，揚手擲足，欲自顯其能為，尤為小事，甚則好勇鬥狠，動輒與人揮拳。勝亦無益，敗或殘身，且偶然之勝，亦不可中恃，結果必有勝我之人，此俗語所謂「有丈一還有丈二者」是也。此等舉動，實為自殺之道，去學武之本旨遠矣。以項羽之勇，而終敗於烏江，非武功之不逮，德不及也。故德性之修養，宜與武功同時並進，而品性優良之人習武事，則保身遠禍；性情殘暴之人習武事，則惹禍招

非，此一定不易之理也。

　　昔聞有投身少林學習武事者，主僧默察其人，趾高氣揚，傲慢特甚，與之語，尚豪爽，乃留諸寺中。初不教以武技，唯每日命之入山採樵，日必若干束，雖風雨霜雪，亦不能間斷。不滿其數，則繼之以夜，稍忤意志，鞭撻立至。其人歷盡折磨，唯以欲得其技，含忍待之。經三年之久，驕氣消磨殆盡，主僧始授以技。此非故欲折磨之，實以其驕矜之氣太重，學得武功，深恐其在外肇禍，累及少林名譽也。顧此乃他人消磨之，非自己修養也。少林十條戒約之中，亦有戒殺及好勇鬥狠一條，此又可見少林武術對於德性之修養，宜甚注意也。

　　凡武術精深之人，於自身之修養外，對於收徒一事，亦須特加注意，務必擇性情優良之人，始傳以衣缽；若性情強暴者，僅可揮諸門外，寧使所學失傳，不可將就。因此學得武藝之後，好勇鬥狠，固足害人，甚且流為盜賊，殺人越貨，尤足為師門之累，是不可不三注意也！既收徒之後，平日除督促其練習功夫之外，對於德性之修養，亦宜兼顧，如此薰陶，則其人將來學成必不至越禮逾分矣。

第二章 六字功

一、行動與治臟之關係

凡練習武術者，不論外功內功，須以凝神、固氣為主。欲凝神固氣，又非排除一切思慮、祛除一切疾病不為功。

治臟者，即調治內臟，使之整潔，而外邪無從侵入。然後，更練習功夫，則神完氣足，成功較易，收效較速。否則內疾不除，外邪易入，縱使日習不輟，非但不能望其有成，甚或受其賊害。故世人往往言，習打坐者，易成白癡；習吐納者，易成癆瘵，此皆未能先行調治內臟，不得其道，致外邪侵入，內疾增盛，而成種種奇病，終至不可藥救也。凡行功十要、十忌、十八傷等，皆為治臟法中之最要關鍵，練習內功者，務須牢記在心，處處留意，迨內臟既完固之後，再依法行功，始可有效。

行功之時，以子、午各行一次為佳，以子過陽生，午過陰生，合陰、陽二氣而融會之，則成先天之象，神思寧靜，機械不作，一切雜念，無由而生。渾然一氣，成功自易。

治臟之訣，只有六字，即噓、嘶、呵、呼、吹、嘻是

也。（圖2－1～6）

　　每日靜坐，叩齒咽津，念此六字，可以去腑臟百病。唯念時宜輕，耳不聞聲最妙。又須一氣直下，不可間斷，其效如神。

圖2－1　噓　　　　　　　圖2－2　嘶

圖2－3　呵　　　　　　　圖2－4　呼

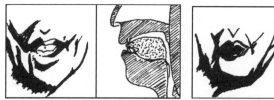

圖2－5　吹　　　　　　　圖2－6　嘻

二、行動秘訣

（一） 六字行功歌

肝用噓時目睜睛，肺宜嘶處手雙擎，
心呵頂上連叉手，腎吹抱取膝頭平，
脾病呼時須撮口，三焦有熱臥嘻寧。

（二） 應時候歌

春噓明目木抉肝，夏日呵心火自閑，
秋嘶定收金肺潤，冬吹水旺坎宮安，
三焦長官嘻除熱，四季呼脾上化餐。
切忌出聲聞兩耳，其功真勝保神丹。

（三） 贊功歌

1. 噓
噓屬肝兮外主目，赤翳昏蒙淚如哭，
只因肝火上來攻，噓而治之效最速。

2. 呵
呵屬心兮外主舌，口中乾苦心煩熱，
量疾深淺以呵之，喉結舌瘡皆消滅。

3. 嘶
嘶屬肺兮外皮毛，傷風咳嗽痰含膠，
鼻中流涕兼寒熱，以嘶治之醫不勞。

4. 吹

吹屬腎兮外主耳，腰酸膝痛陽道萎，
微微吐氣以吹之，不用求方與藥理。

5. 呼

呼屬脾兮主中土，胸膛腹脹氣如鼓，
四肢滯悶腸瀉多，呼而治之復如故。

6. 嘻

嘻屬三焦治壅塞，三焦通暢除積熱，
但須一字以噓之，此效常行容易得。

　　觀乎上列之歌，則治臟之功實巨。即不欲練習武功者，依法行之，亦可以祛病強身。而練習內功之人，對於內臟之調理，尤須格外注意。因內府調和，則神完氣足，利於行功；若內府失調，則神氣渙散，外邪容易侵入，而成內疾，於行功上發生極大障礙，甚或成為各種奇病，而至不能救治。故舉此法，以便學習內功者，於入手之初，先行此法而理其內臟，以免除一切障礙也。

第三章　打　坐

一、內功與打坐之關係

打坐一事，無論道家、釋家，皆視為極重要之法則。在道家為內觀，煉胎息長生之道；在釋家為禪定，修明心見性之功，雖志趣之不同，實異源而同果。

打坐者，實從靜中以求自然之機者也。儒家亦曾云：靜而後能定，定而後能安。此可見靜之一字，其功之妙矣。練習內功之人，本與外功相反，外功皆從動字上做功夫，內功自當從靜字上悟妙旨，此所謂以柔克剛、以靜制動者是也。

夫吾人生於今世，事物紛繁，情感雜遝，聲色攻於外，憎愛縈於中，自然之機，漸被蒙蔽，而至於消滅。在此時而欲其摒七情，遠六慾，舉一切貪嗔癡愛之事而絕之，返本還原，使四大皆空，三相並忘，六根清淨，此非難而又難之事乎？若非苦行修持，曷克臻此。打坐者，即忘機之妙法也，故道家、釋家皆重視之，而練習內功者，尤當於此入手。

內功之主要關鍵，固在於凝神、斂氣、固精三事。若心如明鏡，一塵不染，一念不生，一念不滅，則神自凝、

氣自斂、精自固。若心中雜念紛投，憎愛起滅，則神耗、氣散、精敗矣。於此而欲收攝，非借力於坐忘，不可得也。且內功者，固以柔制剛之法也。以安詳之態度而克敵人之暴動，是欲得其安，必先能定；欲得其定，必先能靜；欲得其靜，更非坐忘不為功。

由此觀之，則打坐一法在內功中，所占地位之重要，固不待智者而知之矣。

唯吾人處身塵俗，欲其忘懷一切，本非易易，故在入手打坐之初，其意念必不能立刻即達靜止之境，猶不免有紛擾之虞，然必設法以驅除妄念，使心境明澈，達於止境而後可。其法為何，即自觀而已。

昔人謂打坐之人，必具三觀。三觀者，即眼觀鼻、鼻觀口、口觀心是也。在打坐之時，必集吾人之意於此三觀，然後雜念可漸遠矣。余謂不必定念三觀，即默念阿彌陀佛，或數一二三四等，皆無不可。蓋所以要如此之故，欲其意志專一，不生雜念也。非必一定三觀，或三觀於此，具何法力也，此不過初入手時之一種方法。及至心意漸堅，雜念自然遠去，而達於自然之境。功夫既深之後，非但雜念無由而生，即我自己之軀體，亦置之意外，而至物我俱忘之境，則靜止極矣。

功行至此，則利慾不足以動其心，榮辱不足以擾其志，心地明澈，泰然自適矣。

故練習內功者，必先從坐忘入手，盡求其靜，復於靜中求動，是為真動。強身健魄，行氣如虹，縱不能白日飛升，亦無殊陸地神仙矣。

二、打坐之法則

打坐一事，以靜為貴。

能闢靜室、設禪床最佳。

禪床之形勢，略如一極大之方凳，約二尺半見方，皆以木板製成，務須堅固。如無餘屋為靜室，即於臥榻上行之，亦無不可，唯以板鋪為佳。以棕藤等墊，皆有彈力，坐時不免歪斜傾倒之病，故宜用木板。

坐有單盤、雙盤之分。

單盤者，即以一腿盤於下，而另一腿盤置其上，法較簡單易行。（圖3－1）

雙盤者，即依單盤之勢，將盤於下面之腳扳起，置於上面膝頭之上，使兩足之心，皆向上面，而兩腿則交叉，綰成一結，此則較單盤為難。

圖3－1

佛家坐禪，皆用雙盤之法，全身筋絡，得以緊張，身體容易正直，而收效較宏也。

此外，坐法猶有所謂五心朝天者，實係道門中之坐法；而觀音坐、金剛坐等法，則為禪門中之別法。隨人之性情而變，愛何種坐法，即坐何勢，固不必拘泥於定勢也。唯終以雙盤坐法為正宗。

手之位置亦有兩種。

以左大指輕捏中指，而右大指插入左虎口內，以右大指、食指輕捏左無名指根者，稱為太極圖。（圖3-2）

而兩掌皆仰，重疊而置者，則為三昧印。（圖3-3）

圖3-2

圖3-3

坐時勿著相，勿管呼吸，一任其自然。脊柱亦正，口宜閉，牙關亦咬，舌宜舐住上腭，兩手輕握，置丹田之下。

凝神趺坐，先自口中吐濁氣一口，再自鼻中吸入清氣，以補丹田呼出之氣。呼時稍快，吸時稍慢，呼須呼

盡。如此三呼三吸之後，內府之濁氣，完全吐出淨盡，然後再正式行功。

坐時宜清神寡慾，收斂身心。在初入手時，必有雜念縈心，而易袪除，則宜念佛號，如：南無阿彌陀佛；或數數字，以自鎮定其神意。久後功夫既深，則心境自然明澈，不復須如此矣。

坐時有數要，不可不知。

(1) 一為存想，即存欲靜坐之念，而冥心屏息也。

(2) 二為盤足，即依坐法，盤足跌坐也。

(3) 三為交手，以兩手交置，護於丹田也。

(4) 四為搭橋，即以舌舐腭，使之生津也。

(5) 五為垂簾，即下覆其睫，稍留縫隙也。

(6) 六為守丹田，即意存於丹田，而不即不離也。

(7) 七為調息，即調和其氣息，使之綿綿不絕也。

知此七要，而打坐之法盡矣。

每日於早、晚各坐片時，時不在乎過久，緩緩墊加，易收實效。早起因晚間靜定，是為靜中之動；晚間行功，因白日勞動而習定靜，是為動中求靜。如此操持，是為動靜有常，陰陽相生。

坐之時間，以一炊時起手，以後逐漸增加，直至半個時辰以上為止。能坐至如此長久，則心境澄澈，一切雜念，無由而生；一切邪魔，無由而入，則明心見性，可歸正覺矣。

第四章　易筋經

一、少林內功與易筋經

少林門中之內功，以易筋、洗髓二經為最精純。

洗髓一經，即本仙家伐毛洗髓之意，其高深奧妙，超乎一切武功，不易領悟，且其原本，早已失傳。世間即有此書，皆人搜集道藏，附會而成，牽蘿補屋，故不見其能收若何效果也。

唯易筋一經，少林門中，猶有傳法，並未泯滅，唯與世間外傳，頗有出入。外有人之言易筋經者，每分為外功易筋經、內功易筋經，是亦牽強之說也。試考其命名之義，即可知易筋之只有一經，有不容強加分析之處也。

易者，換也；筋者，筋脈也。易筋者，蓋言去其原來羸弱無用之筋，而易以堅強有用之筋也，亦即言練習此功之後，可以變易其筋骨，而使堅強有用也。

由此觀之，則功既同名易筋，而易筋之功夫，又屬於少林之內功門中，又烏得而強分之耶？此實外人不細味其命名之義，而妄加分析也。

易筋一經，實傳自達摩禪師，原名之曰「達摩易筋經」，因外間多用是名訛傳之，故內傳隱名為「禪秘易筋

經」，凡不識此竅者，必非嫡傳真宗矣！

　　禪秘易筋經全部共二十四勢，分為前後二部，其前部較易練習，為入門之秘訣；其後部較為精奧，為成功之途徑。分前後二部，以便練習者得以漸進，皆屬於少林內功門中，實無所謂外功、內功之分也。外人不察，皆以前部為外功易筋經，而以後部為內功易筋經，實大誤也，甚或強分派別，徒貽譏於識者耳。

　　此功練成之後，即能運柔成剛，以禦外侮。所謂易筋者，非真能將人體之經絡取出，而換以堅強之筋，猶言練此功夫，日久之後，即可使筋骨堅強，勝於未練之時，如脫胎換骨。易筋者，比喻之辭也。

　　每日勤行本功四五次，百日之後則食量增加，筋骨舒暢，百病不生。至一二年後，則非但身體強健，精神飽滿，且兩臂之力，可舉千斤。即為平素羸弱多病，力不足縛雛者，練習一二年，亦可以一掃其羸弱，兩臂增加數百斤之力。至若老年之人，精氣已衰，勤習此法，雖不足以返老還童，也足以延年卻病。實為練力運氣、舒展筋脈之妙法，不可多得之真功夫也！

二、禪秘易筋經

（一）第一勢

【練法】

　　面向東方而立，兩足分開，中間相距約一尺開闊。足之位置，須趾與跗同一方向，切忌踏成八字形。凝神調

息，摒除一切雜念，鼓氣於腹，毋使走泄。頭部向上微昂，口宜緊閉，牙齒相接，舌尖舐住牙關，兩目向前睜視，睛珠須定，不可稍有啟閉。

然後，將兩手折腕昂起，使掌心向下，指尖向前，再緩緩屈其肘節，將手提起少許，至腰部稍下處為度。唯兩手雖上提，而兩臂之氣力，必須下注，如按桌踽身之狀。

略加停頓之後，乃將十指運力，向上翹起，而掌根則運力捺下。行時須極徐緩，至極度後，再停頓片刻，乃放下手指，提起掌根，回復原狀。

如此一翹一按，是為一度，徐行四十九度，而第一勢功夫完畢。（圖4-1）

圖4-1

【要點】

須默記其按，此勢名混元一氣之勢，先天之象也。一翹一捺，得乎動機；停頓貫氣，得乎靜定，動靜相因，而陰陽判，萬物生矣。故以下各勢，皆由此勢而化生者也。

行時，宜全神貫注於指掌之間，不可相離。日久之後，則氣隨神到，而運於內；力由氣生，而行於外，內外相合，而超乎一切矣。

若神氣渙散、力不專注，是為大忌！在兩手上提之時，切不可過至腰上，否則，非但不得其益，且有損於筋骨，慎之！慎之！

（二）第二勢

【練法】

行前勢功夫既畢之後，則將氣力收起，復平常小立狀態，使全身筋骨稍為舒展，以免過勞之弊。其休息之時間，則不必限定。

行第二勢時，先將兩足緊併，全身正立，鼓氣閉口，突視昂首，與第一勢完全相同。

兩手則將指屈轉握拳，唯大指伸直。此時握拳極鬆，不可用力。握定之後，則將拳移置於大腿之前面，拳心與腿面相貼，兩大指則遙遙相對。至此略略停頓，之後，即將每手之大指，向上翹起，以至極度；同時，兩手之其餘四指，則用力緊握，務用全力。而兩臂之力，則須下注，切不可有絲毫提勁。

略停片刻之後，兩大指即徐徐放下，餘指也慢慢鬆開，以復原狀。兩臂則宜用提勁，使氣力上收。

如此，一緊一鬆為一度。行時宜凝神注氣，專心一志。行四十九度，第二勢功夫畢矣。（圖4-2）

圖4－2

【要點】

此一勢，有將兩拳貼置於大腿之旁側，而大指向前者，殊不得勢。不得勢，則力不充；力不充，則氣不行，精神也因之而渙散，以之求功，尚可得乎？實謬誤之甚也！

至於翹指之時，不能稍雜提勁者，則以氣力下注，貫於拳指之間，俾拳能愈握愈緊，指能愈翹愈高也。

行此勢功夫，亦宜出之徐緩，緊時則氣力下注，鬆時則氣力上提，一注一提，所以行氣使力也。在表面觀之，似乎功夫僅及於指臂，實則偏及於全身，蓋以人身肢體，無不通連，而氣之源流，又從內府行流而至，無所不及也。在行功之時，最忌口鼻呼吸、身體動搖，因皆足以耗氣散力也。

（三） 第三勢

【練法】

行第二勢功夫既畢之後，略事休息，再續行第三勢。

此勢正立如前，先將兩足分開，中間距離一尺左右，務須趾與跗成平線，忌作八字形。腿部宜運力下注，不可使稍有鬆浮，否則，身體易於搖動，而至神氣渙散也。頭昂目睜，口閉牙接，鼓氣腹中，與上二勢同。

兩手則將大指先屈置掌心，餘四指則緊握大指之外面。兩臂垂直，雙拳置大腿之兩側，拳心貼腿，拳背向外，臂部並不用力，拳亦握得極鬆。略略停頓之後，即將兩拳緩緩握緊，至極度為止，同時，運力於臂，使之下注，即用力將兩臂挺直，使肘節突出，而氣力易達於指掌之間也。（圖4-3）

圖4-3

略停片刻後，徐徐放鬆拳指，而回復原狀。

如此，一緊一鬆為一度，共行四十九度，而第三勢功夫畢收。

【要點】

此勢注力之點，在於拳臂。行氣之法，一提一注，固與上勢無所區別，但其間不同之處，亦不止一端：彼則併足，而此則分開；彼則伸直大指，而此則屈握大指。要皆各有用意者，夫兩足分開，所以使下盤牢固，不易搖動也。握拇指於掌中，所以實拳心而易於著力也。臂向下挺，而突其肘節，所以使全臂之氣力，下注於拳也。而各勢之動作相異無幾，在功效上則差甚大也。

行功之際，除動作之外，尤須注意於神氣之貫注，務使精神氣力，融匯一起，達則全達，斂則全斂。若精神氣力之不相融，雖練百年，亦是無益，學者宜加意焉！

（四）　第四勢

【練法】

行第三勢功夫既畢之後，休息片刻，以舒展筋骨，然後再續行第四勢。

此勢與以上各勢不同。先全身正立，兩足緊併，用足兩腿之氣力下注，以固下盤。然後，將兩大拇指屈置掌中，而以餘指屈置其外，握之成拳。

兩拳由前面向上舉起，以平肩為度，拳心相對，虎口向上，兩拳間之距離，則與肩膀之闊度相等。在上舉之

時，兩臂宜直，上身切忌動搖。

　　略略停頓，即運力將拳緊緊握攏，以至極度，而兩臂同時向前伸去，位置雖不能伸前若干，但氣力則完全前注。

　　停頓片刻，則將拳放鬆，而收回兩臂之伸勁。在伸出時，切忌左右宕動。（圖4－4）

　　如此，一握一鬆為一度，共行四十九度，第四勢功夫既畢矣。

圖4－4

【要點】

　　此一勢乃氣注平行之法，使氣力進則注之於拳臂，退則流行於肩背。蓋握拳伸臂，兩肩必向前探出，背部之筋肉，勢必緊張，此時氣力完全前透。待鬆手收力，全部筋肉，完全鬆弛，氣力亦因而退行，流注於肩背各部矣。

　　此勢最忌者，即為用力時兩拳向左右宕動，因兩拳宕

動，則全身之氣力，不能專注於前，而旁行散亂。勢散神亂，行之非但不足以獲益，反足以招害也，是宜特加注意！

（五）　第五勢

【練法】

行第四勢功夫畢，略事休息，更續行此第五勢。

全身正立，兩足緊併，昂頭緊目，閉口咬齒，凝神鼓氣，如第一勢之形狀。

將兩手鬆拳甚鬆，翻掌向外，徐徐從兩旁舉起，豎於頭之上面，拳心相向，虎口相後，肘節微彎，兩臂須離開耳際一寸處，切不可緊貼。在兩臂上舉時，兩足即隨之踮起，兩踵以離地一寸左右為度。

略略停頓片刻，乃將兩拳緊緊一握，兩臂則蓄力向下挫，似拉住鐵杠，將身上收之狀，同時，兩踵再乘勢向上舉起，至極度而止。停頓片刻之後，再將兩拳徐徐放鬆，收回氣力，兩踵亦緩緩放下，仍以至離地一寸左右為度。（圖4－5）

如此，一起一落為一度，共行四十九度，而第五勢功夫畢矣。

【要點】

此一勢功夫，乃將氣力流注全身之法。蓋舉踵踮趾，則腿胯等處必氣力貫注而後堅實。若氣力不注，則腿胯虛浮。腿胯虛浮勢必全身動搖，不能直立，難於行功矣。

圖4-5

　　至於兩臂上舉者，欲使肩、背、胸、脇、腰、腹等部之筋肉，處處緊張，以便氣力易於流注進退也。

　　此勢中之最須注意者，即在緊握雙拳之際，下挫其臂。所謂下挫者，乃運其兩臂之全力，向下挫去，並非真將兩臂做有形之動作也，此實為運意而役使氣力之法。

　　是當特加注意者，兩踵之起落，務宜徐緩，切忌猛疾！因起落猛疾，兩踵易受震激，足以影響及於大腦與心房，為害甚烈，是宜切記！

（六）　第六勢

【練法】

　　行第五勢功夫既畢，略事休息，然後再續行第六勢。

　　全身正立，昂首睜目，閉口鼓氣如前。先將兩足分開，相距一尺左右，趾踵須成平行線，切不可踏成八字勢，因八字勢力不專注，且易動搖也。

　　兩手則將大拇指放在外面，以餘四指握拳，再將拇指放於指節之外。握時亦須鬆弛，不可過緊。然後兩臂從旁側舉起，拳心向上，至臂平直時，更屈轉肘節，引肱豎起，至拳面適對兩耳，全臂成三角形。拳以離耳一寸許為度，拳心則向肩尖。

　　略略停頓後，即將拳徐徐握緊，以至極度，小臂則用力向內折，大臂則用力向上抬。此皆係力行，不以形勢行也。略事停頓後，即徐徐放開，以復原狀。（圖4-6）

　　如此，一鬆一緊為一度，自始至終，共行四十九度，而第六勢功夫畢矣。

圖4-6

【要點】

此勢功夫，乃運使氣力，進而流注於臂肘指節之間，退而流注於肩背胸廓之部。小臂內折，則筋肉緊張，氣力易於前達；大臂上抬，則胸廓開展，肩背緊張，而氣力易於流行，內府諸官，亦必因而舒伸，處處著力，毫不鬆懈。惟行此之時，上身切忌動搖，兩臂切忌震盪。

欲免除此弊，在乎用力之時，徐緩從事，若舉動猛疾，則必難免也。

（七）第七勢

【練法】

行第六勢功夫之後，休息片刻，再續行此第七勢。

兩足緊併，全身直立，昂首突視，鼓氣閉口如上。

兩手則各將四指握在裏面，而大拇指則扣手指節之外，拳握甚鬆，由正前面向上提起。提至肩前，成平三角形時，略停片刻，即運力於肱，徐徐向左右分去，至平肩成一字形為度，拳心向上。上身則略向後仰，唯不能過度。在兩臂分開之後，即將兩足尖徐徐抬起，離地一寸許，專用兩足跟著地，同時，將拳徐徐握緊，從鼻中吸入清氣一口。吸盡一口，再將足尖輕輕放下，兩拳緩緩放開，同時，從口吐出濁氣一口，以復原狀。（圖4-7）

如此，共行四十九度而功畢。

【要點】

此勢乃運使氣力旁行之法，而兼調內府者也。伸臂握

圖4-7

拳，所以增加氣力；一呼吸所以調內臟，即吐濁納清之意也。故行時上身必須後仰，才可使胸廓開展，而可以儘量呼吸也。

至於足尖上抬之故，亦無非欲使下盤固實而不虛浮。蓋足跟點地，氣力若不貫注，非但動搖，且立見傾跌。學者於此，宜再三注意焉！

（八）第八勢

【練法】

行第七勢後，休息片時，再續行此第八勢。此勢與第四勢之法，大同小異。

併足正立，昂首突視，屏息鼓氣如前。將兩拇指先屈轉，置於掌心，更以其餘四指握其外，拳握甚鬆。再將拳

由前面向上舉起，以平肩為度，虎口向上，拳心相對，惟兩拳間之距離，並不限肩之闊度，相去檢邇，距二三寸。在兩拳上舉之時，兩踵亦徐徐提起，離地二寸許，專用足尖點地。

然後，將兩拳用力徐徐握緊，以至極度。略事停頓後，再將拳徐徐放鬆，兩踵亦輕輕落下，著地時務須極輕。（圖4-8）

如此，一緊一鬆為一度，前後共行四十九度而功畢。

圖4-8

【要點】

此勢練空中懸動，使氣力流注於上下各部。與第四勢相異之處，在於兩拳距離之遠近，及舉踵與不舉踵二事。

在握緊雙拳之後，更宜將臂向外分去，以至與肩膀之闊度相等，至放鬆時，則更徐徐合攏。

行此勢最難之點，則在於上身之向前後俯仰，而使下盤不能固實。故此一勢功夫，實較第四勢為難也。

（九）第九勢

【練法】

行第八勢功夫既畢，休息片刻，再續行第九勢。

全身直立，頭正目前視，上身須直，閉口鼓氣如前，兩足緊併。將兩大指屈置掌心，而以餘四指握其外，拳握甚鬆。然後，將兩拳從下面提起，務須在正前方上提，提至腹前，則屈其兩肱，向上翻起，至當面為度。拳心向外，兩拳面則斜向鼻尖之兩旁，肘臂屈成三角形，兩拳相距三寸許。然後，更將拳徐徐握緊，以至極度，同時，將小臂用力向內翻轉，大臂則用力向前逼出，肘節則向後面分引，各部同時運用氣力。（圖4－9）

略事停頓之後，再徐徐放鬆雙拳，收回各部氣力，以復於原來情狀。

如此，一鬆一緊為一度，自始至終，行四十九度而功畢。

圖4－9

【要點】

此勢在翻肱向上時，宜似握千鈞重物向上翻提之狀，雖手中並未有物，心中當做如是想也。

此勢有與第六勢混為一談者，貽誤世人，不知幾許，故特加改正，並指其謬，以告學者。其與第六勢不同之處，但須兩下參看，不難領悟也。

（十）第十勢

【練法】

行畢第九勢功夫之後，休息片刻，再續行此勢。

正立如前，兩足緊併，昂首挺胸，睜目突視，閉口屏息，鼓氣於中。將兩拇指屈置掌心，而以其餘四指握之成拳，並不甚緊，虎口貼腿，拳心向後，乃將兩臂從前面舉起，至平肩之時，乃運肘力向左右兩旁分去，與肩尖相平，同時，兩肱亦向上豎起，舉直為度。此時，兩臂與頭，適成一「山」字形，拳心向前，虎口向兩耳。略事停頓之後，徐徐將拳緊握，以至極度，同時，兩臂用力向上托，如手托千斤之勢，兩肘節則向外逼出，如欲使之湊合者。但皆用虛力，而並非有形之動作也。（圖4－10）

如此，停頓片刻，即徐徐鬆手。

如此，一鬆一緊為一度，共行四十九度而功畢。

【要點】

此勢乃練氣力之上行，除握拳之外，其餘皆非有形之動作，亦運意使力之法也，拳家所謂「意到神到而力隨

圖4－10

之」者是也。

　　此勢有不知其中奧旨者，竟皆演有形之動作，則勢亂神散，而欲收效，豈可得乎？荒謬之處，學者宜審思而明辨之，庶不至自誤也。

（十一）　第十一勢

【練法】

　　行第十勢功夫既畢，休息片刻，再續行第十一勢。

　　全身正立，兩足緊併，昂首突視，閉口鼓氣如前。

　　兩手則各先將四指屈置掌心，而以拇指護其外，握成極鬆之拳，乃運用臂肘之力，將拳向上提起，置於小腹之前恰當肚輪之兩側，肘微屈，虎口斜對，拳面向下，拳心向內，拳距腹一寸左右。

　　略事停頓，即將每手之四指，徐徐緊握，以至極度，

而兩拇指則用力上翹，愈高愈妙。兩臂雖不作有形之動作，但氣力卻須上提，不可下注，似提千鈞重物之狀。

停頓片刻，再將拇指徐徐放下、四指徐徐放鬆，而將兩臂之氣力，緩緩下注。

如此，一緊一鬆為一度，自始至終，共行九度，本勢功夫畢矣。（圖4－11）

圖4－11

【要點】

此勢功夫，乃運氣升降之法。在緊握之時，則自鼻中吸入清氣一口；在放鬆之時，則自口中吐出濁氣一口。惟須行之徐緩，吸須吸盡，吐須吐盡，切不可失調或中途停頓，致內部受到意外之震激。

運力上提，本為無形之動作，兩肩切不可向上聳起，是為至要！

（十二）　第十二勢

【練法】

行第十一勢功夫即畢，休息片刻，再續行第十二勢。

全身正立，兩足緊併，昂首突視，閉口鼓氣如前。兩臂直垂，指尖向下，掌心向前。乃將臂徐徐從前面舉起，平肩為度，大指在外，掌心向天，兩手中間之距離，與肩膀之闊度相等。在兩手上舉之際，兩踵亦同時提起，以離地二寸許為度。

略略停頓之後，兩手徐徐放下，兩踵亦輕輕落地。如此起落，各行十二度。

再舉掌如前。手掌向上一抬，肘即向下一紮，同時，兩踵提起，再輕輕收回，恢復原狀。踵落地之後，即將足趾向上翹起，離地以一寸為度。如此，亦連續行十二度，而全功畢矣。（圖4－12）

圖4－12

【要點】

此勢乃舒展全身筋絡血脈之法。蓋以上十一勢功夫，各有功效，行時氣力不免偏注，故必須用此一勢以調合之，而使氣力遍注於全體各部，無太過、不及之病。是亦猶打拳者，於一趟既畢之後，必散步片刻，然後休息也。

綜上述十二勢功夫，每日勤習，則三年之後，必可有成，而氣力相隨，無往而不可矣。以上易筋經所列各法，宜於清晨薄暮之時，在空曠清潔之地，依法練習。待十二勢行畢後，再從第一勢復練，週而復始，晨夕各三次。一年之後，則精神萎頓者，立可振作，而精神健旺者，則實力增加，神完氣足，洵有易筋換骨之妙！但須每日行之，切不可稍有間斷。若荒怠不勤，絕不能克期收效也。

（十三）第十三勢

【練法】

先盤膝而坐，以右腳背加於左大腿之上面，更將左腳從右膝外扳起，以左腳背加於右大腿之上面，使兩足心皆向上。此為雙盤趺坐法，即尋常打坐，亦多用此法，唯須練習有素，始能自然。

坐時身宜正直，且不能有所依傍，而坐於木板之上。因棕藤之墊，質軟而有彈力，易使人身體偏側，故不相宜。

兩手則緊握雙拳，四指屈於內，而以拇指護其外。兩拳放於膝頭之上，須聽其自然，不可稍微用力。將雙睫下垂，眼露一縫，口緊閉，上下牙關相切，舌舐於牙關之

內，冥心屏息，全身完全不用絲毫勉強之力，惟將精氣神三者，用意想之法，而注於丹田。在入手之初，決不能立時匯合，唯如此凝思存神，日久自有功效。（圖4-13）

圖4-13

【要點】

此勢在未行功之先，因心中雜念，一時不易完全消滅。雜念不消，則心神不寧；心神不寧，則精神渙散，行功等於不行，絕不能收到絲毫效果。故先用此法，消其雜念，然後行功，自無妨礙。所以，必注想于丹田者，蓋以其為內府之中宮也。

註：

上十二勢總稱「前部易筋經」，雖亦注重於氣力相隨，惟猶以力為主，剛多柔少，即以力行氣之法也。練習成功之後，雖可以氣力相隨，但欲其遍及全身，流行於內膜，而無所阻閡，尚難如願以償。欲達到此種程度，必須前部易筋經練成之後，再接續此勢。此十三勢至二十四

勢，總稱「後部易筋經」。

但亦不能入手即練後部，因此部功夫，完全注重於運行氣力於內膜，以充實其全身之筋肉，而不在於增加實力。然實力不足之人，欲其氣力運行，固不易言，即算能練成，其效亦至微弱。所以須先練前部者，蓋亦增加實力，使與氣相隨，然後更進，而練習後部，於純柔之中求運行之道，自易於入手，且收效亦較為神速也。

故單練前部，不練後部則可；單練後部，則不可也。因單練前部，氣力縱未能運行於內膜，然較未練時必增加數倍，而收身強力壯之效，即不再進步而求其能於運行內膜，亦足以卻病延年矣。若後部則專講運行之道，單單練此，毫無用處，所謂徒勞無功者是也。凡練內功者，對於此事，不可不知。

（十四）第十四勢

【練法】

行第十三勢功夫，大約以一炊時為度，然後更續行第十四勢。

跌坐如前，兩足並不放開，身體亦完全不動，惟兩手則將握拳之指，徐徐放開，以舒直為度。然後，將兩臂緩緩從側旁舉起，掌心向上，舉至平肩之時，則屈肱內引，由頭上抄至後面，同時，翻轉手腕，使掌心向前，大指在下，至玉枕穴後面時，兩手漸漸接合，十指交叉，而抱持其後頭，兩手之掌根，適按於耳門穴之上，兩臂則成三角形。（圖4－14、15）

圖4-14　　　　　　　　　　圖4-15

　　抱時不宜有有形之力，頭略後仰，胸稍前突。惟在兩
手動作之際，軀幹各部，不宜稍有震動，心意仍須注在丹
田；既抱住頭顱之後，略事停頓，即提氣上升，意想此一
口氣，似由丹田而起，經過臍輪，上達心包，而過喉結，
直至頂門，而停留片時，再使由頂門向後轉下，經玉枕穴
由頸椎緣脊而下，過尾閭抄至海底，再轉上而回至丹田。

　　初行時，不過一種意想，氣力必不能遵此途徑，而運
行自在。惟練習既久，自有成效。唯行此功夫時，須一切
純任自然，不可有絲毫勉強，且不可過於貪功，是學者宜
注意者也。

【要點】

　　此一勢功夫，乃使氣力轉運循環之法。蓋頂門之百會
穴，實為首部要區，而臍下之丹田穴，實為內府寶庫，同
一緊要。故氣力上升，則貯於百會；氣力下降，則歸於丹
田。一升一降，即周天循環之道；一起一伏，亦陰陽造化

之機。所以，須一切純任自然者，蓋本乎先天之靜穆，而致後天之生動之。

練習時，以循環二度而停止，乃將雙手放開，握拳收置於兩膝之上，回復原狀。

（十五）第十五勢

【練法】

行第十四勢功夫既畢之後，乃將圈盤之腿，緩緩放下，略事休息，使腿部之筋骨，得以舒展，氣血不至因而壅阻。但在此休息之時，心神猶須寧靜，切不可有絲毫雜念興起。

一炊時後，再將兩足徐徐向前伸去，至腿部平直為度。兩腿緊併，兩足跟之後部放於板上，蹠則直豎，足心向前，足尖向上，更將上身徐徐下俯，兩手則從旁側抄向前方，至足前時，乃交叉十指，收住兩足。須將兩足用力，向前伸挺，而兩手則向後拉引，方為得力，腰背兩部，始可因之而緊張。成此姿勢之後，乃將貯留丹田之氣，運於肩背腰股各部。（圖4－16）

初時，亦僅意想可到，練至功夫漸深，則氣力亦可隨之俱到矣。行此一勢功夫，亦以一炊時為度，然後徐徐放開，回原來之平坐狀態。

【要點】

此一勢，乃充實軟襠各部之法，其主要之處，則在乎腰閭。因此一部，在人身各部之中為最為軟弱，氣力亦最

圖4－16

不易貫注，故行時必須俯身至極度，然後始能使腰部之筋肉緊張，筋肉緊張之後，氣力亦較易達到。勤加練習，自有妙用。惟身體起落之時，務徐緩，切不可向左右擺動，以亂其神而散其氣，是為最要。學者慎之！

（十六）第十六勢

【練法】

行第十五勢功夫既畢，略略休息，更續行第十六勢。

先將兩腳徐徐盤起，以右腳背置於左大腿上面，然後，將左腳從右膝外扳起，放於右大腿之上面，兩腳心皆向天，成為雙盤坐之勢。唯在兩腳盤坐時，上身切忌向前後或左右搖動。

坐定之後，寧神一志，注氣於丹田，摒除一切雜念。稍事停頓，兩手即徐徐翻腕，使掌心向外。然後，兩臂從左右兩側緩緩上舉，至頂門上面相合，交叉十指，再將腕

向前翻轉，而使掌心向上，兩掌用力上托，同時，運用其氣，使從丹田向上提起，轉入兩臂，而達於指掌。亦用以意役神、以神役氣之法，並無有形之動作，惟意念之專注耳。（圖4－17）

　　行此一勢功夫，亦以一炊時為度。然後，徐徐將手鬆開，將兩臂仍從旁側落下，運氣下降，回復原狀。

圖4－17

【要點】

　　此勢乃行氣於臂指之法，較第十五勢為難。因臂部肌肉堅實，氣不易行，如欲練至意到氣達、氣到力隨之境，非短時間所能奏效，頗費苦功也。其所以須盤坐而行者，固實其下盤也。架手於頂門，則可使全身上提，正直得勢，使氣易於上達，更不至中途所阻閡也。在兩手動作之

時，務須徐緩，而固其神氣，不可粗率也！

（十七）第十七勢

【練法】

行第十六勢功夫既畢之後，乃將所盤之兩足，徐徐放開，向前伸去，以腿直為度。兩足相併，以足跟之後部，放於板上，足心則向前，足尖則向上，與第十五勢之起手時相同。略略休息之後，即續行第十七勢功夫。

先將兩手由兩旁側之下面，徐徐移向後方，至尾閭穴之後，兩手相合，交叉十指，將腕翻轉，使掌心向正後方，而兩手背則貼於尾閭穴之兩旁，需要貼得緊緊，不可稍有鬆浮。兩肩頭則用力向前逼出，兼向上聳，務使肩背部分之筋肉，緊張異常。然後，用意想之法，運用其氣力，使充實其肩背。起初，不過意行；久後，自能達到。（圖4－18、19）

圖4－18

圖4－19

行此一勢功夫，亦以一炊時為度，然後，徐徐收回雙手，回復原狀。

肩背等部，骨多筋雜，皮肉極薄，而堅實異常，故氣力之不易運行，與臂指相等。練習亦頗不易，收效之遲緩，較諸上一勢為尤甚，然能下苦功，亦必有成。

【要點】

此勢之所以兩手放於後面，及兩肩前逼而兼上聳者，無非欲使肩背部分之筋肉緊張，而易於運行其氣，使之到達，不致多所阻閡也。唯在運氣之時，並無有形之動作，純以意行耳。

（十八）第十八勢

【練法】

行第十七勢功夫既畢，略事休息，然後續行第十八勢。

先將兩足收回，成盤坐之狀，以右腳背加于左大腿上面，更將左腳從右膝之外面扳起，亦將腳背放於右大腿上面，使成雙盤坐法，與第十三勢相同。

兩足動作時，上身切忌搖動。坐定之後，先將兩手從旁移至前面，至臍下時，兩手相合，而交叉其十指，翻腕向內，以掌心捧住小腹。

初時，並不用力，冥心存念，略定神思，然後運氣，由丹田而注於腎囊，以活動其睾丸。停頓少許後，乃提氣上升，以回原處，做似欲將兩睾丸吸入腹中之想。在提氣

上升之際，同時，兩手心亦漸漸用力，略做向上摩起之勢。略停片刻，更運氣注於腎囊。（圖4－20）

如此升降，各十二度而功畢。

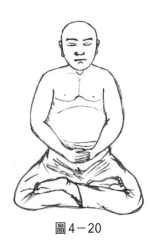

圖4－20

【要點】

腎囊為人身最要之物，睪丸又極嫩弱，稍受外力，即易破損。此一勢功夫，乃專練收斂睪丸之法，即世稱之「斂陰功」是也。

在初練之時，睪丸必難隨氣升降，然練習稍久，即易活動，反較運氣於肩背等為易於收效。因腎囊為筋絡所成，中空而運接於小腹，與丹田相距甚近，故氣力易於運到，待練習既久，睪丸白能隨氣升降矣。此功練成，人縱欲取我下部而制我之命，亦無從下手矣。

（十九） 第十九勢

【練法】

行第十八勢功夫畢，略事休息，再續行第十九勢。

上身及兩腿，完全不動，就原勢略略加以停頓耳。兩手則從小腹上徐徐撤下，移向兩股之側，按於板上，大指在內，指尖則向前面，掌按板面，不宜過分用力，但求其能相貼合耳。

心神既定之後，則將兩臂徐徐用力下注，意欲將上身做向上升起之狀，唯並非有形之動作！同時，提氣上升，使充於胸廓，停滯不動。歷一呼吸之久，再將氣從原道降下，停於丹田，而兩臂之力，亦同時鬆弛，回復原狀。更隔一呼吸時，再提氣上升如前。如此，升降各十二度為止。（圖4－21、22）

此勢功夫，雖不甚難，但在初入手時，亦不免有所阻礙，須經過若干時後，始克升降自如。

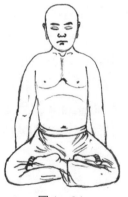 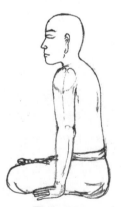

圖4－21　　　　　　圖4－22

【要點】

此一勢功夫，乃充實胸廓之法。運氣於內，故較行於筋膜之間為易，惟運行雖易，而停滯一事，極為煩難。若神氣未能完固之人，決難達到此目的，此即道家所謂「凝神鑄氣」之法也。

初入手時，未能久停，為時不妨稍暫，以後逐漸加長可也。是在學者自己斟酌之。

（二十） 第二十勢

【練法】

行第十九勢功夫既畢之後，即就原勢略事休息，調和氣力，使稍弛展，然後再續行第二十勢。

此勢上身與兩足皆不動，一如以上二勢之姿勢，惟將兩手提起，使離開板面，然後，徐徐向前移去，繞至兩腳心之上面，即以左掌心緊按右足心，右掌心緊按左足心，以中渚穴緊對湧泉穴也。大指在內，指尖相對，兩肘微屈，臂部並不用十分氣力，但以手足兩心貼合為度。

略略停頓之後，始將兩臂稍微用力撐拄，同時，將氣從丹田中運行而出，使之從下抄左，轉上繞右方而下，回至丹田，在臍之四周繞一圓圈，上及肚子之下，旁及前腰。（圖4－23）

如此，運行一周之後，即休息一呼吸時，再為運行，以九度為止。若為女子，則宜自右而左。

【要點】

　　此勢乃練氣充實肚腹之法，而兼及於腰腎之前部者。行時，宜先鼓足其氣，使之略一停滯，然後，再運之，循軌而行，似較稍易。唯在運行之時，非但外表不宜顯有形之動作，如身體動搖等，既內部亦不宜有迸氣掙力之象，須純任其自然。初時，固未必能盡如我意；久後，必可成功也。

圖4－23

（二十一）第二十一勢

【練法】

　　行第二十勢功夫既畢之後，仍就雙盤坐之原勢，略事休息。上身與腿足，完全不動，一如上勢，唯將兩手徐徐至側面，仍按於板上。休息約三個呼吸時，則續行此第二十一勢。

　　先將右手在前面徐徐向斜上方屈肱舉起，至左肩之

上，即用手掌搭於肩上，掌心適按於肩窩穴上，五指則在肩後，肱緊貼於胸脇前面。

然後，再將左手亦從前面向斜上方徐徐屈肱舉起，左掌心按住右肩窩穴，肱則緊貼於右肱之外側，用力緩緩掰緊（掰：《ㄜ，用力抱），而使其肩背之筋肉，緊張至極度，同時，則運用丹田之氣，使之上升，而充實其肩背之內部。初時，決難氣隨神到，但宜用意想之法行之，日久之後，自能運行無阻。（圖4－24～26）

圖4－24　　　　　　　圖4－25

圖4－26

【要點】

此一勢亦係行氣於肩背之法。肩背以筋雜肉薄之故，氣力殊不易運到，唯其不易運到，故須多練，而「後部易筋經」中，對於練習肩背之法獨多，亦為此也。行時所以必兩手抱肩、緊聚相搿者，亦正欲使其肩背緊張，而氣易於貫注也。

（二十二） 第二十二勢

【練法】

行第二十一勢功夫畢，先將左手徐徐放下，按於板上，再將右手落下按板。然後，將圈盤之兩腿，徐徐放開，直伸於前。略事休息，更續行第二十二勢。

須將兩腳收回，屈膝而跪，兩腿緊緊相靠，腳背貼板，臀部坐於小腿之上面，尾閭則緊靠兩腳跟。上身略向後仰，頭正目前視。但經此一番動作，心神必外瞀（ㄇㄠ），故須休息片時，加以收攝。心神既定，則徐徐將兩手從側面抄至前下方，屈肱向上舉起，至心窩旁、兩乳下為度，乃將兩手掌輕輕按於脇上，兩肘則略略用力後引，唯非有形動作！按定之後，即將氣提之上升，用意想之法，使之充滿於兩乳房，停滯不動，歷一呼吸之久，仍從原路，使之下降，如此，升降各九度而止。（圖4-27）

【要點】

乳房在胸前亦係主要之部分，而膺窗、乳根等大穴，

皆在於此。若不練氣之充實，最易為外力所傷，與斂陰一勢功夫，實有同等之緊要！

此勢之所跪行者，蓋欲使上身正直，而氣易於運行也。兩手按脇者，即所以示氣循行之路也。

圖4-27

（二十三）第二十三勢

【練法】

行第二十二勢既畢，即就原勢略息片時，兩手則徐徐放下，垂於旁側，稍稍舒展，續行第二十三勢。

先將兩手稍微舉起，徐徐移向前面，至膝蓋之上，乃將右掌心按於右膝蓋，左掌心按於左膝蓋，即膝骨與腿骨接合之處。大指在內，指尖向前，兩臂稍為用力作撐拄之狀，上身則向後作倚靠之勢，頭則後仰至極度。

心神既定之後，則將氣提之上升，經臍輪、心坎等部

而上起,至喉結穴而停留不動,使喉部充實。

　　如此,歷一呼吸時,仍將氣下降,停滯丹田;亦經一呼吸之時,再運氣,上升而充注於喉結穴。如此,升降各九次,乃將上身徐徐坐直,頭亦下俯,兩手亦收回,垂兩側,回復原狀。(圖4-28)

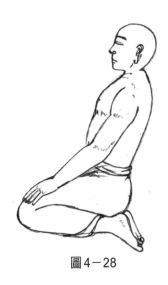

圖4-28

【要點】

　　咽喉為人身最要之地,生死關頭之所繫,且喉管為一軟骨,雖有筋肉護於其外,奈極薄弱,故此部極易受傷,稍重即足致命,故必須加以鍛鍊。若能運氣於喉,而充實其內部,功夫精純時,既快刀快劍,亦不足以損其毫髮矣。唯咽喉功夫,亦極不易練耳。

（二十四）第二十四勢

【練法】

行第二十三勢功夫既畢，則將上身抬起，而使兩足徐徐舒展，直伸於前。略事休息後，即收起兩足盤坐，仍以右腳背置於左大腿上，而左腳背則置於右大腿上，成雙盤坐之勢。

在動作之後，神志不免外瞀，故須冥目靜心，以收攝之。待心神既定之後，即將兩手移至前方，上下相向。右手在下，左手在上，掌心相合，然後，用力將左掌自左而右，旋摩七十二度。再翻轉兩手，使右手在上，左手在下，用右掌之力，自右而左，亦用力旋摩七十二度。(圖4－29)

此時，掌心熱如火發，乃將兩掌移貼後腰，先由外轉內，旋摩七十二度；更由內轉外，亦旋摩七十二度。則此勢功夫畢矣。（圖4－30）

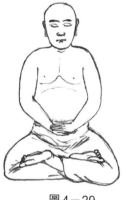 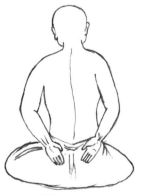

圖4－29　　　　　　圖4－30

仍收回兩手，做第十三勢趺坐之勢。

【要點】

此十二勢（十三勢至二十四勢）功夫，皆係坐行之法，甚不易行，且久坐傷精，為行功十八傷之一。此一勢加於後，良非無故，蓋恐行功之人，久坐而損傷其精，故用此勢以養其精。後腰，精之門也，精門和暖，則生氣自足，更不虞其損傷矣。

第五章　先天十八手

一、來　源

先天十八手，又名先天羅漢十八手，亦名達摩先天十八手，傳自梁時之達摩禪師。

達摩師由北南來時，居於少林，見徒眾皆精神萎靡，筋肉衰憊，每一說法入座，則徒眾即有昏鈍不振者。

於是，達摩師乃訓示徒眾曰：佛法雖外乎軀殼，然不瞭解此性，終不能先令靈魂與軀殼相離，是欲見性，必先強身，蓋軀殼強而後靈魂易悟也。果皆如諸生之志靡神昏，一入蒲團，睡魔即侵，則明性之功，俟諸何日？吾今為諸生先立一強身術，每日晨光熹微，同起而習之，必當日進而有功也。乃為徒眾示一練習法，其前後左右共不過十八手而已。

二、功　法

（一）入手內功

先排步直立，呼濁吸清，挭腰鼓肘（此乃足肘），凝

神聽氣，正體努目。此為入手之內功。（圖5-1）

（二） 朝天直舉

即以手朝上伸舉，氣貫三焦。左上則右下，兩掌須平，掌心相印，名為朝天踏地。此為二手。（圖5-2）

（三） 排山運掌

上勢演畢，即將足排開（一尺餘距離），用柳葉掌向前推排，左右前後，次第推運。仍須力貫掌心，氣發丹田，有猛虎推山之勢。此為四手。（圖5-3～6）

（四） 黑虎伸腰

前勢畢，收足正立，再開短馬，兩手仍作掌勢，左右分推，由短馬變為高馬（先低後高）。必須以腰用力，兩

圖5-1　　　　　5-2　　　　　圖5-3

掌齊出，且伸滿時兩掌心與後足心更須相印。如是左右前後，起落伸推，久則腰膝堅強，收功甚速。此為四手。（圖5-7）

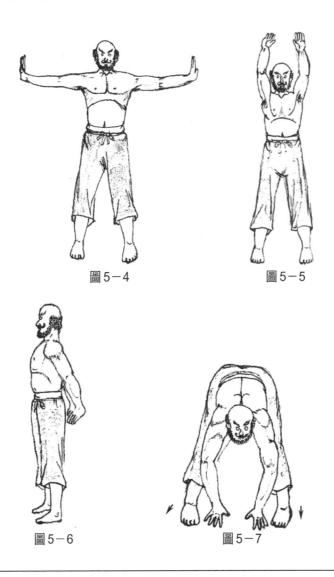

圖5-4　　　　　　　　　圖5-5

圖5-6　　　　　　　　　圖5-7

（五） 雁翼舒展

伸推畢，收馬排足，略事休息。於是再吸氣一口，下貫丹田。用手緊貼腿部，運腋力由下漸起，以平肩為度，如舒雁翼。且兩手起落時，足跟隨起，落則隨落，腰須硬實，足尖得力。兩手起時，隱覺氣貫胸開，肱漲指熱，方為得益。此為一手。（圖5−8、9）

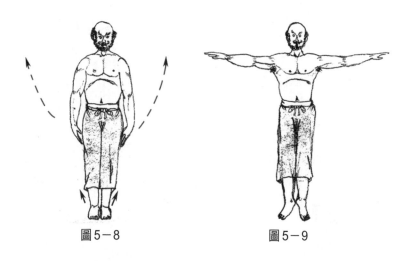

圖5−8　　　　　　　　　　圖5−9

（六） 揖肘鉤胸

此手先排正兩足，再以右足或左足踏進一步，以陽掌平排揖下，至膝為止（先屈掌而至膝則變為平掌）。收轉時以掌漸次作鉤屈勢，緊貼至胸，腰稍向後翻，使氣注丹田，力鼓兩肘拐。但揖下時，身須低伏，後足跟不可離地。此為一手。（圖5−10、11）

圖5－10　　　　　　　　圖5－11

（七）挽弓開膈

　　此與世俗所傳之八段錦中「左右開弓如射雕」正復相類。其不同者，在此係短馬，而彼係正立，其效遂相去甚遠。如練習時，可依騎乘射球之勢，腰須後翻，一字地盆，即為合法。此為一手。（圖5－12）

圖5－12

（八） 金豹露爪

上均掌勢，此乃變為豹拳勢也（豹拳勢，指之前中二指作鉤勒形，大節與掌背平齊，拇指亦作屈形緊貼掌邊）。

練時如左手攔護，則用右手作豹爪拳，盡力衝出。兩手循環練習，必須開聲吐氣（氣吐出之時，必須與拳力相應）。兩足仍作半馬，用力與前無異（即腋力是也）。此為一手。（圖5－13）

圖5－13

（九） 腿力跌盪

前皆用手，此乃用足。其法有四：

1. 足尖直踢

此踢足須稍低，高則
無力而有病。（圖5－14）

圖5－14

2. 橫腿掃擊

此出橫腿，其勢如掃，身須取側，收腿宜速而穩。
（圖5－15）

圖5－15

3. 長腿高舉

此腿法頗不可輕率施用。因此舉起甚高，身法之虛空，實在堪虞，若遇名家，易為人制。須練習精到，出落如風，始可免意外也。演時左右前後習之，必須力貫足尖為要。（圖5－16）

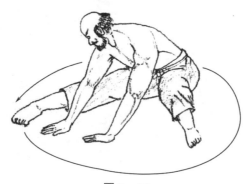

圖5－16

4. 鉤腿盤旋

此法腳尖由外向內鉤盤，練時兩足如劃大圓圈，身法仍以半馬為宜。（5－17）

以上亦四法，合之以前成十八法，名之為「十八羅漢手」，此達摩師之開宗手也。

圖5－17

第六章 五 拳

一、五拳之發源

少林以五拳為上乘至精至神之術。非於此道有所悟入，或功夫欠缺、氣力未純者，皆不輕易傳授，顧非吝惜隱秘，因此中三昧，不易通曉，即朝夕從事於斯，若不悟其用精用力之微，亦不過襲其皮毛，終無是處。此內功學之所以非易也。

五拳之法，起初來自先天羅漢十八手，故又名之為「後天拳」、「後天羅漢功」。十八手在當時不過為強精壯骨之用，至達摩師圓寂後，徒眾星散，幾絕衣缽。數百年後，乃有覺遠上人，以嚴州某名公子，因事而剃度於此，性豪邁，素嫻技擊及劍術，得此而變化增益之，共為七十二手，即上段五勢之各前十五手（三手重）是也，化散勢而為整勢，且參互錯綜於其間，以盡其法之體與用。自是之後，人頗精於練習，少林之名遂漸著，俗士名人，亦有遠道來學者。

上人知此術不足以稱絕技，乃謝絕生徒，改俗裝，挾資遊西北川楚滇蜀各地，欲求精於此者而師焉。上人云：至蘭州，遇一叟，年六十餘矣，以小販為生活。上人寓旅

舍，一日見該叟自肆中購油醬歸，道過鬧市人叢中，偶不慎，其物汙某暴客衣，客大怒，即出其巨臂作掌頰勢，三擊皆不中。叟謝罪益恭，暴客愈怒，再舉其腿踢之。叟乃大呼曰：「汙衣吾知罪，然非一擊可了，若不念吾年老，必死於貴客拳腿之下，望恕之恕之。」且急避於市旁牆陰下，手作揖勢謝罪。

暴客怒仍未已，踏步趕踢之。斯時市人皆自為該叟危，而余尤抱不平，以為此細事，且彼白髮叟，何能經此客一擊，不死則殘廢無用耳。正欲急出手解救，不料該叟見暴客不可理喻，欺人百步，乃靜立牆陰俟之。

該客先趕至，首起一腳，叟側身讓，擊力太猛，牆土紛紛裂墜。暴客再踢，叟再讓，至三踢，則該叟身微側下，以左手輕挑，右手駢兩指在暴客之足背處敲擊一下。視暴客已跌地不能動，且唇青面白，若痛不可忍者。旋經人解散扶去。於是市人同驚老叟有拳術，而余為尤異之，因尾老者行，至市後盡處，有小屋數間，余乃不嫌唐突，叩門訪之，相見通姓名，始知叟李姓，先本中州人，數十年前，遷於蘭州，子一人習木工，並言俄頃該暴徒之無禮，言下歎息。

余曰：「以叟之絕技，一暴徒不足慮也。」叟搖首曰：「此人乃江湖惡癤。吾不幸而遇，此刻雖無事，終必不能休息，又寄居客旅，與君無異，恐朝夕遭暗算也。」

余乃乘機進曰：「叟能從吾作汗漫遊乎？」叟曰：「偶爾相逢，何能以此累人？余尚有子，形影莫離，合之足下為三人，長途殊不易也。」

余乃實告以余之此行，係訪求此道高明之士並少林之

宗派。叟聞余言，歎息答曰：「余實淺學。君既不棄，余可為君介紹一人，即余之老友山西太原白玉峰是也，客居洛陽，以授徒自給，此乃近世技擊家之泰斗，大河南北，莫與倫比。余乃小巫之見大巫耳。君可訪之，倘肯相就，少林當樹一絕技。」余乃強叟行，其子亦相隨，至洛陽見白氏，軀幹不大而精銳之氣逼人，年五十餘，壯健非常。叟為介紹，同居洛之同福禪寺，朝夕求教，傾心請益。叟與白氏感上人之誠，遂同歸少林，未幾白氏竟自剃度，號曰秋月禪師，因白氏妻早喪，無子，僅伶仃一人故也。叟子旋亦皈依禪林，改號澄慧。唯叟在寺尚十餘年，未曾剃度云。此係金元時事。

李叟少年時，聞以擒拿著名，後商販於蘭，不肯以技顯，平生喜練洪拳，大、小洪拳創自北派，凡陝洛川楚等處多宗法之，故身法甚靈捷，以掌法駢指為專門絕技，並精棍擊。後少林有棍擊一術，即為叟所傳，其棍共只七法：一點、二撥、三掃、四撬、五壓、六坐、七退躍；其法甚精。

白氏之技，內功最精，且長劍術。家初裕，以酷嗜此道，凡過客以一技半長進者，無不養之，久則家為中落，氏更傾產攜資遊四方，技日進，至無以存活，乃授徒自給。自歸少林，益勤修猛進，取古法而融會貫通之。斯道乃集大成，此白氏之功，為不可滅也。

少林自得李叟與白氏，技術一變，融合先天宗法，百餘手內外交練，遂成少林派中之神妙絕技。

白氏之意，謂人之一身，精、力、氣、骨、神，皆須加以鍛鍊，使互相為用，使克臻上乘。蓋精不練不固，力

不練不強，氣不練不聚，骨不練不堅，神不練不凝也。五拳者，即可以練精、力、氣、骨、神之法也。故創此五勢，使內外並修，而達於化境也。

二、五拳之精義

【五拳總精義歌】

> 你中有我我中你，世間真理拳中有。
> 拳中奧妙無他解，唯憑五法才釋然。
> 龍形為先虎豹協，蛇再次之鶴最末。
> 獸有獸長也有短，何不再來禽中尋。
> 龍聚萬物為一體，禽獸和諧神物功。
> 虎豹陽剛蛇鶴柔，陰陽五行在龍中。
> 創造五勢附新意，少林五拳拳中魁。
> 歷盡滄桑本未變，拳傳千秋古人功。
> 勤練五形超自然，方顯少林真本事。

（一）龍拳練神

練時周身無須用力，暗聽氣注丹田，遍體活潑，兩臂沉靜，五心相印（即手心、足心與中心是也），如神龍遊空，天矯不測。

（二）虎拳練骨

練時須鼓實全身之氣，臂堅腰實，腋力充沛，一氣整貫，始終不懈，起落有勢，努目強項，有怒虎出林、兩爪

排山之勢。

（三）　豹拳練力

豹之威不及虎，而力實較虎為巨。蓋以豹喜跳躍，腰腎不若虎之弱也。練時必須短馬起落，全身鼓力，兩拳緊握，五指如鈎銅屈鐵。

（四）　蛇拳練氣

氣之吞吐抑揚，以沉靜柔實為主。如蛇之氣，節節通靈，其未著物也，若甚無力者，一與物遇，則氣之收斂，勝於勇夫。有經驗者自能知也。

練氣柔身而出，臂活腰靈，駢兩指而推按起落，若蛇之有兩舌，且遊蕩曲折，有行乎不得不行、止乎不得不止之意，所謂「百練之鋼成繞指之柔」，即為此寫照也。

（五）　鶴拳練精

此拳以緩急適中為得宜，蓋以鶴之精在足，鶴之神在靜，學者法此。故練習時，須凝精鑄神，舒臂通氣，所謂神閑志暇，心手相忘，獨立華表，壁懸千仞。學者瞑心孤注，久練精熟時，自能於言外得之，非倉猝所能領悟也。

上述五拳，如能練至精純之境，則精固、力強、氣聚、骨堅、神凝，五者相合，互相融化，為用之妙，不可盡言。倘以制人，則一舉手一投足之間，縱頑強之敵亦可折服，且出之輕描淡寫，而並不須窮形盡相也。其中妙旨，可以心領而不可言傳，全在學者下功苦練、用心推闡也。

三、龍　拳

【歌訣】

神龍之形霸氣足，橫貫一氣天地間。
神勇之形柔功造，萬物一體賽神仙。
橫力四射手足印，內勁洶湧如波濤。
內外無兩相兼備，上下兩端皆在心。
神本不測方稱奇，五拳練神全憑龍。

【練法】

註：

本五拳練法不是照錄古譜，因古譜過簡，非有師傳難以學練，故根據原譜（豐都凌召藏本）重新繪圖，並詳細分解，以利自學。

再者，由於師承原因，五拳本來在少林寺中就有秋月禪師白玉峰所傳的「173勢白氏五拳」、李叟之子所傳的「181勢李氏五拳」等勢之分，並且在長期流傳過程中，練法更是發生了不同變化，如「172勢樊氏五拳」、「30勢散五拳」、「10路蔣氏五拳」等等，請學者自辨之。

（一）龍形手

兩腳立正，身體正直，兩手握拳抱於腰際，拳心空涵，正挺頭頸，吞津、氣沉於丹田，二目平視右側前方。（圖6-1）

接著，右腳提起經左膝前畫一弧後朝右側方踏落一步，蹲成馬步椿勢，與此同時，兩拳變龍爪手自下交叉於

丹田前，再上畫，兩小臂至額前時相貼，右手在外，左手在內。（圖6－2）

配合鼻均勻細長地吸氣，兩手緩緩繼朝左右分開至與兩肩平，掌心向下。（圖6－3）

兩手停住，將氣慢慢由鼻呼出盡後，再配合鼻吸氣，

圖6－1

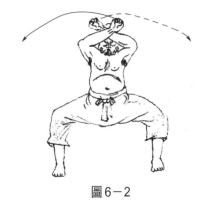

圖6－2

圖6－3

兩手用力內收至胸前時，兩腕外旋成手心朝前，閉息、再用慢力（兩手距肩寬）朝正前方推運而出，肘臂要保持屈蓄存力。（圖6-4）

隨後，用指力向左右運力分開與肩平。（圖6-5）

兩手停住，用鼻將氣慢慢呼出，然後，配合吸氣，兩手慢力向內合攏。（圖6-6）

圖6-4

圖6-5

圖6-6

至肩寬時閉息，繼兩手用慢力向左右分崩，兩肘下屈，手與肩平時停住，手心朝上。（圖6－7）

圖6－7

然後用鼻將氣呼出，再配合吸氣，兩手用慢力向肩前合攏，與肩同寬時停住，手心相對。（圖6－8）

圖6－8

至此時，配合咽津將氣吞下，再用鼻將氣慢慢呼出，不使有聲。

（二） 龍湧手

接上動，配合鼻吸氣，兩手五指略伸，勞宮涵空，由肩向兩側慢力伸出，手心朝上，頭向右轉，目視右手。（圖6－9）

圖6－9

然後收回兩手，繼伸出，如此一出一收六次後，右腳蹬力使體上升，力墜左腳成左弓步勢，同時，兩手、臂、肩隨體上升而蓄力上升。（圖6－10）

圖6－10

　　至氣吸滿時，左腳蹬力，重心右移，兩手旋掌使掌心朝外，配合呼氣，兩手朝左右分壓至氣呼盡為止，目視右方。（圖6-11）

圖6-11

（三）　飛龍回頭

　　接上動，配合鼻吸氣的同時，身體重心左移，兩手變龍爪向內用力，緩緩內合，左爪至左肋側停住，右爪直收至左爪上方，此時，上體左偏，右扭頭望右側斜上方，全身聚力，將氣吞咽後，用鼻徐徐呼盡。（圖6-12）

圖6-12

（四） 龍氣橫江

接上動，左腿蹬力成右弓步，端正上身的同時，兩手成龍掌，配合鼻均勻細長吸氣，兩掌緩慢朝左右伸出，右手高與肩平，左手斜朝左後下側方，掌心斜向上。兩手伸盡時氣剛好吸滿，目視右前方。（圖6－13）

圖6－13

（五） 盤龍手

接上動，閉息的同時，左手內收至左肋側，右手前伸不變，運力內旋腕成虎口朝下，五指屈成龍爪。肘腕用力朝前戳勁。（圖6－14）

接著，配合鼻噴氣將氣呼出的同時，震肘壓力一抖將五指抓握成拳，拳心朝前，左手也同時屈指成拳。（圖6－15）

然後，再配合鼻吸氣，用緩柔力將拳收回抱於肋側，繼將氣徐徐呼出。（圖6－16）

（六） 雙龍通天

　　接上動，配合鼻均勻細長地吸氣，兩拳同時用緩力朝
前上舉，至肘尖與口平時，氣剛好吸滿。（圖6-17）

圖6-14　　　　　　　　　　圖6-15

圖6-16　　　　　　　　　　圖6-17

　　然後，吞咽將氣閉住，兩拳下收，同時，全身勁力下注，沉於兩腿，有如生根之意，至兩拳收至腰際時停住，繼用鼻徐徐將氣呼出。（圖6－18）

圖6－18

（七）　烏龍掉尾（右勢）

　　接上動，身體左轉變成左弓步勢。（圖6－19）

　　接著，配合鼻均勻細長地吸氣，同時左手似用千斤之力向前、向右轉至右小腹前，右手向頭頂上方抬起，屈肘立臂停於右側上方，身體重心右移下沉成左仆步，頭微仰視右上方，此時氣剛好吸滿。（圖6－20）

　　接著，配合鼻徐徐呼氣，右腿蹬力左擁身，同時，右手向胸前下畫，左手上移，與胸前相遇而過，右手繼續向右下後移，左手向左前上翻移，屈肘立臂於左前方，手心對面，右手下伸於右腿上方，手心朝下，此時，雙腿成左弓步，氣也剛好呼盡。（圖6－21）

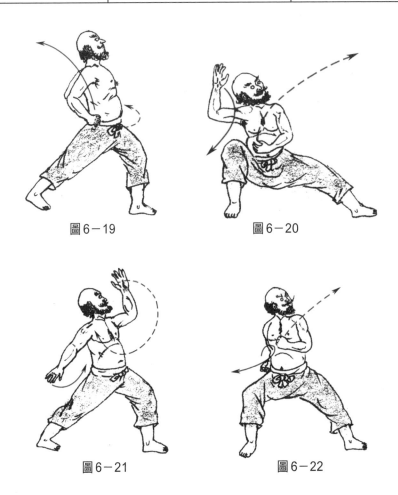

圖6－19　　　　　　　　圖6－20

圖6－21　　　　　　　　圖6－22

　　接著，繼用鼻均勻細長地吸氣的同時，兩手握拳用緩
勁內收，右拳收至右腰側，左拳下畫向右收移至右肋前，
虎口朝上，身體重心朝右偏移，至此時氣剛好吸滿。（圖
6－22）

　　接著，右手上移至左手前時，兩手將指張開，配合鼻
徐徐呼氣的同時，上體前擁，兩手緩緩用力分開，右手朝

右後側下方至臂伸直，手心朝下，左手立臂前翻移至肘立
（肘尖與肩平）時止，手心朝內。此時氣剛好呼盡，兩腿
成左弓步。（圖6－23）

　　接著，身形姿勢不變，兩手十指握扣成拳，配合鼻均
勻細長地吸氣，同時兩拳漸漸握緊，直至氣吸滿為止。
（圖6－24）

　　然後，用鼻徐徐將氣呼出，兩拳隨呼氣慢慢放鬆至體
靜。

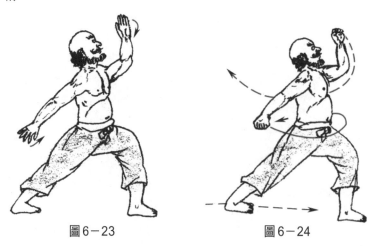

圖6－23　　　　　　　　　圖6－24

（八）烏龍掉尾（左勢）

　　接上動，配合鼻均勻細長地吸氣，左腳朝後側方退一
步的同時，右手似用千斤力向前、向左轉至左小腹前，左
手向頭頂上方抬起，屈肘立臂停於左側上方，身體重心左
移下沉成右仆步，頭微仰視上方，此時氣剛好吸滿。（圖
6－25）

圖6-25

接著，配合鼻徐徐呼氣，左腿蹬力右擁身，同時，左手向胸前下畫，右手上移，於胸前相遇而過，左手繼續向下後移，右手向右前上翻，屈肘立臂於右前方，手心對面，左手下伸於左腿上方，手心朝下，此時，雙腿成右弓步，氣剛好呼盡。（圖6-26）

圖6-26

接著，繼用鼻均勻細長地吸氣的同時，兩手握拳用緩勁內收，左拳收至左腰側，右拳下畫向左收移至左脇前，虎口朝上，身體重心向左偏移，至此時氣剛好吸滿。（圖6－27）

接著，左手上移至右手前時，兩手將指張開，配合鼻徐徐呼氣的同時，上體前擁兩手緩緩分開，左手朝左後側下方至臂伸直，手心朝下，右手立臂前翻移至肘立（肘尖與肩平）時止，手心朝內，此時氣剛好呼盡，兩腿成右弓步。（圖6－28）

接著，身形姿勢不變，兩手十指握扣成拳，配合鼻均勻細長地吸氣，同時，兩拳漸漸握緊，直至氣吸滿為止。（圖6－29）

然後，用鼻徐徐呼出，兩拳隨呼氣慢慢放鬆至體靜。

圖6－27

圖6－28

圖6－29

（九）收　勢

接上動，左腳朝前方上一步，上體右轉下蹲成馬步樁的同時，配合鼻均勻細長地吸氣，兩手變龍爪用柔緩之力向胸前合攏，至肩前時停住，外旋腕成立爪狀，屈肘抬臂與肩略平，此時氣剛好吸滿。（圖6－30）

圖6－30

　　然後，左腳向右腳內側收攏，身體直立的同時，用鼻將氣徐徐呼出，兩手握拳下移於兩腰際，平心靜氣，放鬆身體。（圖6-31）

　　至此，龍拳即告結束。

圖6-31

四、虎　拳

【歌訣】

骨虎之形王氣旺，萬氣一束血骨間。

威武之形柔功造，掃撲天技獨天下。

行步無聲蘊千力，閃躲騰挪藏家法。

雙目如燈聲如雷，毛尾帶骨勝鋼鞭。

骨本充髓方稱實，五拳練骨全憑虎。

【練法】

（一）　黑虎落地生根勢

　　兩腳立正，身體正直，兩手握拳抱於腰際，拳心空涵，挺正頭頸、吞津、氣沉於丹田，二目平視右側前方。（圖6－32）

圖6－32

　　接著，左腳向左側旁開一步，屈膝蹲成馬步樁，然後，兩手成掌下落按於兩大腿上，肘尖向左右分開。調勻呼吸後，以吸氣貫注於丹田，十趾抓地有如生根。（圖6－33）

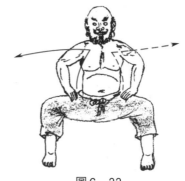

圖6－33

接著，用鼻均勻細長地吸氣，同時，兩手抬起朝前用勁伸出，至臂直時再閉息，將兩手朝左右分開至與肩平，虎口朝上。然後用鼻徐徐將氣呼盡。（圖6－34）

接著，配合鼻吸氣的同時，兩手變虎爪，腋肋用勁，右爪上、左爪下朝胸前推合至右手在胸前、左手在腹前，此時氣剛好吸滿。在運爪的同時，二目怒睜，頭微微右轉，注視右側方。（圖6－35）

圖6－34　　　　　　　　圖6－35

然後用鼻將氣徐徐呼盡。接著再吸氣，同時，兩手如抱球一般運力，至右手在下、左手在上，頭微微朝左轉。氣吸滿吞咽後，再用鼻徐徐呼盡。（圖6－36）

接著，用鼻均勻細長地吸氣，同時，右爪自腹前朝左、上弧形移舉，左爪自胸前朝右、上弧形移舉，兩臂交叉于頭頂上方時，左右分開，此時氣剛好吸滿。然後將氣閉住，全身聚力，兩爪如扣天環般向下緩慢拉至肩止。（圖6－37）

圖6－36

圖6－37

　　然後用鼻將氣呼盡。接著，鼻吸氣的同時，兩爪聚力
朝正前方推出至臂直時閉息，挽指扣握拳，運腕勁扭收回
兩乳下，拳心朝上，二目怒睜前視。（圖6－38）

圖6－38

　　然後用鼻將氣呼盡。接著，用鼻均勻細長地吸氣，同時，兩拳運勁緩緩抬舉至臂直，氣剛好吸滿，配合津液吞咽貫入丹田。（圖6－39）

　　然後用鼻徐徐呼氣，同時，兩手鬆勁緩緩下落，放於兩大腿上，平心靜氣，和顏悅目。（圖6－40）

圖6－39　　　　　　　　　　　　圖6－40

（二）　黑虎試爪

　　接上動，配合鼻均勻細長地吸氣的同時，右手握拳收於腰際，左掌平腹朝右側方聚力緩緩推移，自肘尖至臍前時止，五指朝上，此時氣剛好吸滿。（圖6－41）

　　接著，全身聚力，猛發「哈」字音，左手扣指收掌的同時，右拳朝右側前方衝出，勁力抖震爆發。隨後，伸指轉掌配合鼻吸氣用勁以慢力收回。（圖6－42）

　　待右手收至面前之時，猛向左肩前一掃，繼閉息回收至右肩前立爪，左爪右推至右肘臂內側。（圖6－43）

圖6－41

圖6－42

圖6－43

然後用鼻將氣徐徐呼出。

（三） 撕折手

接上動，配合鼻均勻細長地吸氣的同時，右手向右前方一推即捻拳收回至肩前，復將左手朝右側一推，亦捻拳

105

收至腰際，然後閉息，將身向正前方轉正，右爪外崩，左爪抬至左肩平朝左後崩，猶如拉弓之力。（圖6－44）

圖6－44

至息閉不住即止，然後用鼻徐徐呼盡。隨後配合鼻吸氣的同時，兩手握拳緊力下壓，慢力行至與腰腹平，兩拳緊力如握千斤至氣吸滿為止。（圖6－45）

圖6－45

接著，伸指朝正前方配合口發「哈」字音猛力插出，然後配合鼻均勻細長地吸氣的同時，兩手成虎爪用慢力朝前抬、上舉於頭頂上方至氣吸滿，再閉息如扣天環般下拉至與眉齊。（圖6－46）

圖6－46

隨後用鼻徐徐將氣呼出，放鬆身體，平心靜氣，兩手落放於兩大腿上，目視正前方。（圖6－47）

圖6－47

（四）白虎推山

接上動，上體右轉，左腿蹬力擁身成右弓步的同時，雙掌隨鼻吸氣收抬立於肩前，肘後收用勁，腋肋生力，聚力將氣吸滿。（圖6－48）

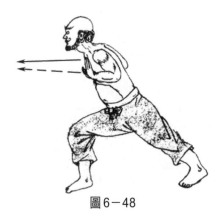

圖6－48

隨後閉住氣息，雙掌朝前用緩力推移出，直至臂直。（圖6－49）

圖6－49

　　待氣閉不住時，用力配合津液吞咽入腹，繼用鼻徐徐將氣呼出，同時，兩手握拳下收，肘儘量後拉，腋肋注力，拳心朝下，目視右前方。（圖6－50）

圖6－50

（五）　子午黑虎膀

　　接上動，配合鼻均勻細長地吸氣，同時，以右肘膀為力朝右後旋勁，直至氣吸滿。（圖6－51）

圖6－51

隨即，將氣呼出的同時，猛然右轉身成左弓步，以右膀為力朝左方掃出，右手反爪於下側。（圖6－52）

圖6－52

然後，立起上身，閉息，用左肘向前橫掃，拳置於左脇肋部。（圖6－53）

圖6－53

繼之吸氣，將右肘朝
左前掃出。（圖6－54）

圖6－54

接著，右轉身成右弓步的同時，隨轉身之勢左膀朝右
前掃出。（圖6－55）隨之，旋動上體，右肘橫掃出，左
肘臂後收。（圖6－56）

注意，此動之操習，不可照一般拳術那麼練習，而要
周身聚力，沉雄發勁，氣注兩膀，勁貫肘膊。

圖6－55　　　　　圖6－56

（六） 黑虎坐洞

接上動，配合鼻均勻細長地吸氣，同時，左手成爪自肋處上抬、移舉於頭頂左側上方，右手成爪旋腕力朝左推移至胸口前，身體隨手上動作緩緩左移下坐沉，頭微右仰，目視右側方。（圖6-57）然後用鼻徐徐將氣呼出盡。

圖6-57

（七） 猛虎獻爪

接上動，配合鼻均勻細長地吸氣的同時，左腿蹬力右擁身成右弓步的同時，左爪下落至左腰際，爪心朝上，右爪上翻，用腕力外旋，屈肘立於右前方，爪心朝斜上，高與頭平。（圖6-58）待氣吸滿，再用鼻徐徐呼盡，再吸氣，右爪慢力下壓，繼朝腹內收至胸前立爪，掌心朝左；左爪內旋腕至爪心向下時，慢力上抬屈肘舉於頭頂左側方，爪心朝上；與此同時，身體隨雙爪動作緩緩左坐沉力

為右仆步，目視右側方，此時氣剛好吸滿。（圖6－59）

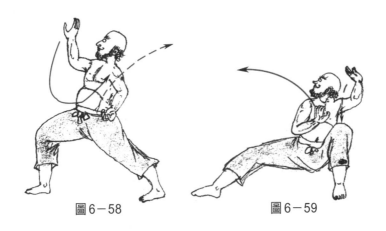

圖6－58　　　　　　　　　圖6－59

　　然後用鼻徐徐將氣呼盡，再用鼻均勻細長地吸氣的同時，左腳蹬力右擁身成右弓步，左爪下收至左腰際，右爪旋腕用獅子貫頂力向右前上托，有如托天塌之勁意，屈肘立於右前方，爪心斜朝上，高與頭平，此時氣剛好吸滿。（圖6－60）

圖6－60

接著閉息，將右爪下沉至與肩高時，朝左側方推移，身體隨著移動成馬步樁，全身貫力至右臂伸直而止。（圖6－61）

然後將氣呼出。

圖6－61

（八）天踏手

接上動，配合鼻均勻細長地吸氣的同時，右手隨右轉正身上移至頭額前時，運勁從前正中線下沉掌至襠前，手指朝左，臂伸直；左手上移，臂肘夾緊，使掌立貼於左腋前。（圖6－62）

圖6－62

　　然後，配合鼻徐徐呼氣的同時，右手前抬朝右側慢力劃移，至手臂與肩展平而止，氣剛好呼完，目視右手。（圖6-63）

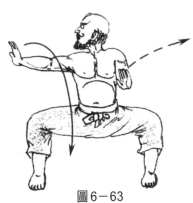

圖6-63

（九）　白虎獻爪

　　接上動，配合鼻均勻細長地吸氣，同時上體重心左移，左掌上翻畫移至左肩上方頭側，手心朝上；右掌內收至肩前時朝下按壓至右小腹前；至此身體成右仆步狀，氣也剛好吸滿，目視右側方。（圖6-64）

圖6-64

　　然後用鼻將氣徐徐呼盡，再均勻細長的吸氣，同時，左腳蹬力右擁身成右弓步，左手下收於腰際，右爪旋腕用獅子貫頂力向右前上托，有如托天塌下之勁意，屈肘立於右前方，爪心朝斜上，高與頭平，此時氣剛好吸滿。（6-65）

圖6-65

　　然後將氣徐徐呼盡。再配合吸氣的同時，右手扣指屈握，極力用勁，兩拳有上下分崩之意，直至氣吸滿為止。（圖6-66）

　　然後用鼻徐徐將氣呼盡。

圖6-66

（十）猛虎直拳

接上動，步形不變，右拳快速向前擊出後，配合鼻均勻細長地吸氣，同時，聚全身之力將右拳收拉，左拳沿左肋上收；待右拳立肘收至眼前的三寸時，氣剛好吸滿。（圖6－67）

圖6－67

在氣滿沉不住的瞬間，左拳右移至右肩前，右拳配合呼「哈」字音朝前猛力擊出，吐出胸中濁氣。（圖6－68）

圖6－68

　　然後，左腳朝右腳內側上步靠近，立正身體，兩拳收於腰際，平心靜氣，放鬆身體，自然呼吸，全功結束。(圖6－69)

圖6－69

五、豹　拳

【歌訣】

力豹之形靈氣蕩，吞吐一氣肺腑間。

活潑之形柔功造，天炮連環如穿梭。

直奔橫停獨門技，四肢攀緣賽猿猴。

高低左右不分家，快字當頭勝王字。

力本橫實方稱柔，五拳練力全憑豹。

【練法】

（一）金豹手

　　兩腳立正，兩拳握抱於腰際，拳心空涵，挺正頭頸，

吞津，氣沉於丹田，目平視右側前方。此勢名為金豹定身。（圖6-70）

圖6-70

接著，提起右腳朝右側前方跨落一步，左腳蹬力成右弓步，兩拳抱腰不變，目視右前方。（圖6-71）

圖6-71

接著，配合鼻均勻細長地吸氣，同時上體左轉身，兩腿蹲成馬步椿勢；左右手變豹爪，運力畫弧於腹前，左爪在下，爪心均朝前。（圖6－72）

氣剛好吸滿則閉息，上體右轉，左腳蹬力成右弓步的同時，左手豹爪收於左腰際，右手豹爪挽力朝前提起，肘與肩平，豹手高同額平。（圖6－73）

然後，用鼻徐徐將氣呼出。

圖6－72　　　　　　　　圖6－73

（二）　金豹三通炮

接上動，下收右手于腰際時，左豹手快速向前打出。（圖6－74）

收左手又打出右手。（圖6－75）

繼收右手，打出左手。（圖6－76）

金豹拳均以快拳打出，手步一齊，此勢則以左右手三次而名，眼手不離方稱妙，出拳時必須全身聚力，兩腋注力夾緊，呼吸自然。

圖6-74

圖6-75

圖6-76

圖6-77

（三） 金豹臥山

接上動，配合鼻均勻細長地吸氣，同時，左拳收回於腰際，右拳用慢力朝前上提擊，至額平止，氣剛好吸滿。（圖6-77）

隨後閉息，右手用力內壓至右大腿時，身體重心左移坐，左手用力朝左抬移，右手上推移至胸前，此時下盤剛

好成右仆步。（圖6－78）

然後用鼻將氣徐徐呼出，意力全注於肱肘。

圖6－78

（四） 金豹直拳

接上動，配合鼻均勻細長地吸氣，同時，左腳蹬力朝右擁身成右弓步，左拳下壓收於腰際，右拳用慢力朝前由下向上通提。（圖6－79）

圖6－79

再閉息，將右拳慢力收至右額前時。氣閉不住時，翻右拳疾如炮火一般，配合口發「哈」字音朝前方擊出，左手上護於右肩前。（圖6-80）

圖6-80

（五）　豹子弄球

接上動，配合鼻均勻細長地吸氣，同時，左手五指伸開向左外畫，挽臂扣指握拳收於左腰際。隨後，右手屈肘下沉，肘尖至腹前腰際時，氣剛好吸滿，閉息，右手如握住一物朝懷內拉攏。（圖6-81）

然後，用鼻徐徐呼出的同時，兩拳下收沉，全

圖6-81

圖6－82

身力注於兩腿。（圖6－82）

（六） 金豹舉天

接上動，配合鼻均勻細長地吸氣，同時，全身聚力，兩拳自腰際朝前上方緩緩提舉，至肘平於肩時，氣剛好吸滿。（圖6－83）

圖6－83

接著,閉息,雙拳用力往下墜,全身聚力,怒目圓
睜,至兩手壓至左右腰際而止。（圖6-84）

然後用鼻徐徐呼出。至此處,右手金豹形練畢,換練
左勢。

圖6-84

（七）金豹手

接上動,上體左轉正
成馬步樁,配合鼻均勻細
長地吸氣,同時,兩手向
上胸抬移,至乳上時手心
翻向內,兩肱、臂、肘、
拳俱用意力向左右撕扯,
至氣吸滿時,再將氣用鼻
徐徐呼出。（圖6-85）

接著,配合鼻吸氣之
際,兩拳變豹手向腹前下

圖6-85

壓移，手心均向前，右手停於腹前，左手停於胸前。（圖6-86）

氣吸滿後將之閉住，上體左轉，右腳蹬力成左弓步的同時，右手金豹爪收於右腰際，左手豹爪挽力朝左前上提起，肘與肩平，豹手高與額平。（圖6-87）

然後用鼻將氣徐徐呼出。

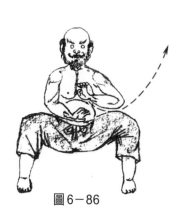

圖6-86

圖6-87

（八） 金豹三通炮

接上動，下收左手于腰際時，右豹手快速向前打出。（圖6-88）

收右手打出左手。（圖6-89）

繼收左手打出右手。（圖6-90）

自然呼吸，其他要領與右勢金豹形相同，為動作相反而已。

圖6－88　　　　　　　圖6－89

圖6－90　　　　　　　圖6－91

（九）　金豹臥山

接上動，配合鼻均勻細長地吸氣，同時，右手收回於腰際，左拳用慢力朝前上提擊，至與額平止，氣剛好吸滿。（圖6－91）

隨後閉息，左手用力內壓至左大腿時，身體重心右移坐，右手用力朝上抬移，左手上推移至胸前，此時下盤

圖6－92

剛好成左仆步。（圖6－92）

　　然後用鼻將氣徐徐呼出，意力全注於肱肘。

（十）　金豹直拳

　　接上動，配合鼻均勻細長地吸氣，同時，右腳蹬力朝左擁身成左弓步，右拳下壓收於右腰際，左拳用慢力朝前由下向上通提。（圖6－93）

圖6－93

　　再閉息，將左拳慢力收至左頷前。氣閉不住時，翻左拳疾如炮火一般，配合口發「哈」字音朝前方擊出，右手上護於左肩前。（圖6-94）

圖6-94

（十一）豹子弄球

　　接上動，配合鼻均勻細長地吸氣，同時，右手五指伸開向右外畫，挽臂扣指握拳收於右腰際。隨後，左手屈肘下沉，肘尖至腹前腰際時，氣剛好吸滿，閉息，左手如握住一物朝懷內拉攏。（圖6-95）

圖6-95

然後，用鼻徐徐呼出的同時，兩拳下收沉，全身力注於兩腿。（圖6-96）

圖6-96

（十二）金豹舉天

接上動，配合鼻均勻細長地吸氣，同時，全身聚力，兩拳自腰際朝前上方緩緩提舉，至肘平於肩時，氣剛好吸滿。（圖6-97）

圖6-97

接著，閉氣，雙拳用力下墜，全身聚力，怒目圓睜，至兩手壓至左右腰際而止。（圖6－98）

圖6－98

隨後，左腳朝右腳內側收攏，正身伸立，同時，用鼻徐徐呼氣，平心靜息，放鬆身體，全功結束。（圖6－99）

圖6－99

六、蛇　拳

【歌訣】

氣蛇之形陰氣盛，勁力一條首尾間。

凝柔之形柔功造，駢指按出似兩舌。

遇直迂迴橫力升，內勁渾圓如桶箍。

首尾無兩遙呼應，意氣兩端俱在心。

氣本連貫方稱通，五拳練氣全憑蛇。

【練法】

（一）右手蛇形

　　兩腳立正，身體正直，兩手握拳抱於腰際，拳心空涵，挺正頭頸，吞津、氣沉丹田，二目平視右側前方。（圖6－100）

圖6－100

接著，右腳提起朝右側前方跨落，同時配合鼻均勻細長地吸氣，上體下沉，蹲成馬步樁，全身向下墜力如沉千斤，兩腳有如生根。（圖6－101）

圖6－101

氣吸滿後，配合津液吞咽，將氣沉入丹田。然後將氣閉住，左腳急力蹬地伸直朝右用力成右弓步，兩肱夾緊，腋生勁力，肘往後拉。（圖6－102）

圖6－102

　　然後用鼻徐徐把氣呼出。再配合鼻均勻細長地吸氣，體緩緩左轉，同時，左右拳運力朝腹前合攏，右手停於右小腹側前，左手停於右乳前，此時身體蹲成矮馬樁，頭左轉目視左側前方。（圖6－103）

　　氣吸滿後再用鼻徐徐呼出。

圖6－103

（二）　毒蛇掃林

　　接上動，左腳蹬力上體朝右轉成右弓步的同時，左拳下壓收於腰際，以鼻快速吸氣之際，右拳急力向右側上猛轉，拳心向上時，閉氣、內旋腕使拳心向下。（圖6－104）

　　接著，右拳一收，左手快力朝右前打出，肘臂

圖6－104

不可伸直，以屈蓄為準。（圖6－105）

繼收左拳打出右拳。（圖6－106）

再收右拳打出左拳。（圖6－107）

此連環三拳的出力法均以抖脆勁而為之，呼吸自然。

圖6－105

圖6－106

圖6－107

（三）猛蛇出穴

接上動，配合鼻均勻細長地吸氣，同時，身體重心左移，左手變爪隨旋體朝左側拉移，右爪朝左側推移，至身體下蹲成矮馬椿時，左爪停於左膝前，右爪停於左爪上方之左膝外，頭右偏注視右側方，此時氣剛好吸滿，配合津液吞咽入腹，後再用鼻徐徐呼出。（圖6－108）

圖6－108

接著，配合鼻均勻細長地吸氣，同時，右手伸食、中二指成二龍手勢，隨吸氣朝右下側方畫移，直至臂伸直，氣注二指，此時氣剛好吸滿。左手也同時成二龍指上移至胸前，勞宮穴涵空；目視右手指。（圖6－109）

然後用鼻徐徐將氣呼出。繼之再配合鼻均勻細長地吸氣，同時，左手向右畫移，繼向下弧形朝左側膝外方畫指，氣注左手指尖，至膝外側停住；右手內收至胸前停住，此時氣剛好吸滿，上體左旋目注左手指端。（圖6－110）

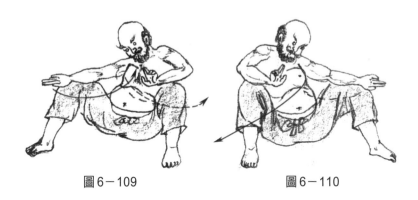

圖6-109　　　　　　圖6-110

　　然後用鼻將氣徐徐呼出。繼之再配合鼻均勻細長地吸
氣，同時，右手向左劃移，繼向下弧形朝右側膝外方畫
指，氣注右手指尖，至膝外側停住，左手內收至胸前停
住，此時氣剛好吸滿，上體右旋，目注右手指端。（圖
6-111）

　　然後用鼻將氣徐徐呼盡。

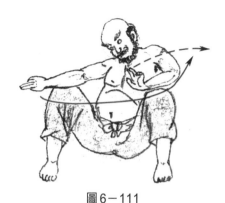

圖6-111

（四） 雙蛇分路

接上動，配合鼻均勻細長地吸氣，同時，右手旋腕指成手心朝左，隨吸氣向左側移動，身體左吞；左手左移，肘貼於左肋，手心朝上，高與肩平；右手畫至左手處停住，全身重量坐于左腿，此時氣剛好吸滿；頭右轉目視右側方。（圖6－112）

然後，用鼻徐徐將氣呼出，同時，左腳蹬力朝右擁身成右弓步，左右手同時朝左右分開，右手高與肩平，手心朝下，以肋力將氣貫注於指端；左手斜指於左後側方，虎口朝上，氣貫指端；直至氣吸滿為止。（圖6－113）

然後，用鼻徐徐將氣呼盡。

圖6－112　　　　　　　圖6－113

（五） 盤蛇擊虎

接上動，配合鼻均勻細長地吸氣，同時，左手變掌收於腰肋際，手心朝下，右手變掌內收至肩前時繼翻掌使掌

心朝前，虎口朝下，向前方緩力推移至臂直，此時氣剛好吸滿。（圖6－114）

圖6－114

　　然後將氣閉住，右手翻掌成掌心朝內，收至腋前時氣已閉不住，立即左手上護右肩前，右手猛地抖臂屈指成拳朝前急力打出，虎口朝上，同時用鼻將氣噴出。（圖6－115）

圖6－115

接著，配合鼻吸氣，左拳收於左肋際；右肘下沉，以肱為力將右拳緩緩收回，立於右肩前方，目注右拳。（圖6－116）

圖6－116

然後將氣閉住，全身聚力下沉注於雙腿，兩拳握力下沉，腋肋生勁，至氣閉不住而止。（圖6－117）

繼用鼻將氣徐徐呼出。

圖6－117

（六）雙蛇通天

接上動，配合鼻均勻細長地吸氣，同時，兩拳用緩力朝前上舉，至肘尖與口平時，氣剛好吸滿。（圖6－118）

圖6－118

然後，吞咽將氣閉住，兩拳下收，同時全身勁力下注，沉於兩腿，有如生根之意；至兩拳收至腰際時停住，繼用鼻徐徐將氣呼出。（圖6－119）

至此時，蛇形右手即練完畢，接下來進入左勢。

圖6－119

（七） 左手蛇形

接上動，左腳提起朝左側方跨落，同時配合鼻均勻細長地吸氣，上體下沉，蹲成馬步樁，全身向下墜力如沉千斤，兩腳有如生根。（圖6－120）

圖6－120

氣吸滿後，配合津液吞咽沉入丹田。然後將氣閉住，右腳急力蹬地伸直朝右成右弓步，兩肱夾緊，腋生勁，肘往後拉。（圖6－121）

圖6－121

　　然後用鼻將氣徐徐呼出。再配合鼻均勻細長地吸氣，體緩緩右轉，同時，左右拳運力朝腹前合攏，左手停於左小腹側前，右手停於左乳前，此時身體蹲成矮馬樁，頭右轉目視右側前方。（圖6－122）

　　氣吸滿後再用鼻徐徐呼盡。

圖6－122

（八）　毒蛇掃林

　　接上動，右腳蹬力朝左轉身成左弓步，同時，右拳下壓收於腰際，以鼻快速吸氣之際，左拳急力向左側上猛轉，拳心向上時，閉氣，內旋腕使拳心向下。（圖6－123）

圖6－123

接著，左拳一收，右手快力朝左前方打出，肘臂不可伸直，以屈蓄為準。（圖6－124）

繼收右拳打出左拳。（圖6－125）

再收左拳打出右拳。（圖6－126）

此連環三拳的出力法均以抖腕脆勁而為之，呼吸自然。

圖6－124

圖6－125

圖6－126

（九）猛蛇出穴

接上動，配合鼻均勻細長地吸氣，同時，身體重心右移，右手變爪隨旋體朝右側拉移，左爪朝右側推移，至身體下蹲成矮馬樁時，右爪停於右膝前，左爪停於右爪上方之右膝外，頭左偏注視左側方，此時氣剛好吸滿，配合津液吞咽入腹，後再用鼻徐徐呼出。（圖6-127）

圖6-127

接著，配合鼻均勻細長地吸氣，同時，左手伸食、中二指成二龍手勢，隨吸氣朝左下側方劃移，直至臂伸直，氣注二指，此時氣剛好吸滿。右手也同時成二龍指上移至胸前，勞宮穴涵空，目視左手指。（圖6-128）

圖6-128

　　然後用鼻徐徐將氣呼出。繼之再配合鼻均勻細長地吸氣，同時，右手向左劃移，繼向下弧形朝右側膝外方畫指，氣注右手指尖，至膝外側則停住；左手內收至胸前停住，此時氣剛好吸滿，上體右旋，目注右手指端。（圖6－129）

圖6－129

　　然後用鼻將氣徐徐呼出；繼之再配合鼻均勻細長地吸氣，同時，左手向右畫移，繼向下弧形朝左側膝外方畫指，氣注指尖，至膝外側停住；右手內收至胸前停住，此時氣剛好吸滿，上體左旋，目注左手指端。（圖6－130）

　　然後用鼻將氣徐徐呼盡。

圖6－130

（十）雙蛇分路

接上動，配合鼻均勻細長地吸氣，同時，左手旋腕指成手心朝右，隨吸氣向右側移動，身體右吞；右手右移，肘貼於右肘，手心朝上，高與肩平；左手劃至右手處停住，全身重量坐於右腿，此時氣剛好吸滿；頭左轉，目視左側方。（圖6-131）

圖6-131

然後，用鼻徐徐將氣呼出，同時，右手蹬力朝左擁身成左弓步；左右手朝左右分開，左手高與肩平，手心朝下，以肋力將氣貫注於指端；右手斜指於右後側方，虎口朝上，氣貫指端；直至氣吸滿為止。（圖6-132）

然後用鼻徐徐將氣呼出。

圖6-132

（十一） 盤蛇擊虎

接上動，配合鼻均勻細長地吸氣，同時，右手變掌收於腰肋際，手心朝下；左手變掌內收至肩前時繼翻掌使掌心朝前，虎口朝下，向前方緩力推移至臂直，此時氣剛好吸滿。（圖6－133）然後將氣閉住，左手翻掌成掌心朝內，收至腋前時氣已閉不住，立即右手上護左肩前，左手猛地抖臂屈指成拳朝前急力打出，虎口朝上，同時用鼻將氣噴出。（圖6－134）

圖6－133   圖6－134

接著，配合鼻吸氣，右拳收於右肋際；左肘下沉，以肱為力將左拳緩緩收回，立於左肩前方，目注左拳。（圖6－135）

然後將氣閉住，全身聚力下沉注於雙腿，兩拳握力下沉，腋肋生勁，至氣閉不住而止，繼用鼻徐徐將氣呼出。（圖6－136）

圖6－135

圖6－136

（十二） 雙蛇通天

接上動，配合鼻均勻細長地吸氣，同時，兩拳用緩力朝前上舉，至肘尖與口平時，氣剛好吸滿。（圖6－137）

圖6－137

　　然後，吞咽將氣閉住，兩拳下收，同時全身勁力下注，沉於兩腿，有如生根之意；至兩拳收至腰際時停住，繼用鼻徐徐將氣呼出。（圖6－138）

圖6－138

　　隨後，收左腳於右腳內側立正，放鬆身體，平心靜氣，自然呼吸，全功結束。（圖6－139）

圖6－139

七、鶴 拳

【歌訣】

　　精鶴之形仙氣足，上下一貫心足間。

　　閑定之形柔功造，迴旋漫舞蕩真氣。

　　單立運臂比華表，懷抱仙丹成正果。

　　膀緊肩縮腋力湧，邁步儒雅賽麒麟。

　　精本洋溢方稱足，五拳練精全憑鶴。

【練法】

（一）剪翼沖天

　　兩腳立正，身體正直，兩手握拳抱於腰際，拳心空涵，挺正頭頸，吞津、氣沉丹田，二目平視右側前方。（圖6－140）

圖6－140

接著，左腳朝正前方上一步，右腳蹬力前擁身成左弓步，同時兩手成掌上收立於兩肩前，十指朝上，掌心向前，肘臂下拉，腋夾緊，使胸前挺，鼻自然深呼吸，目視正前右斜方。（圖6－141）

圖6－141

接著，配合鼻均勻細長地吸氣，同時，兩手立掌從肩前朝左右緩慢直力推伸，兩臂推直時氣剛好吸滿。（圖6－142）

圖6－142

　　然後將氣閉住，兩掌內旋朝肩前收攏，至肩平時復將十指伸平，伸臂朝左右標出，力度以溫和為主，勁注指尖。然後用鼻徐徐將氣呼出。（圖6－143）

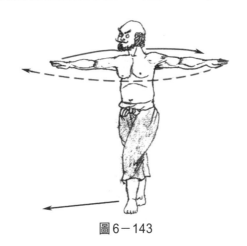

圖6－143

　　接著，用鼻均勻細長地吸氣，同時，右腳朝右側前方上一步，左腳蹬力朝右擁身成右弓步，上體用緩力向右旋轉，兩臂伸平用暗勁，左臂伸于右前方，掌心朝下；右手伸於後方，直至氣吸滿吞咽，暗勁運力通臂指，然後用鼻將氣徐徐呼出。（圖6－144）

圖6－144

（二） 鶴膀手

接上動，配合鼻吸氣，上體左轉身，右腳蹬力左擁成左弓步，同時，左手隨旋身用鶴膀勁快力收於左腰側，右手畫弧收至右腰際。然後閉息，兩手相應朝左右抖鶴膀勁，並將氣呼出。（圖6-145）

圖6-145

接著，配合鼻均勻細長地吸氣，同時，右手猛抖兜力朝腹前用慢力運出，臂腋夾緊至肘尖移至腹前而止，手指成鶴膀勢；左手于左腰際不動，全身用暗力。至氣吸滿後再徐徐呼出。（圖6-146）

圖6-146

（三） 鶴嘴手

接上動，配合鼻均勻細長地吸氣，同時，右手成鶴嘴勢用暗勁上兜至左肩前時，上體右轉蹬力成右弓步，左右手成鶴嘴勢隨轉身自胸前中心用慢力前推，兩臂保持不屈不直，氣吸滿吞咽，然後徐徐呼出。（圖6－147）

圖6－147

接著，鼻吸氣，左手停住不變，右手用勁緩緩前推，至小臂伸平而止，此時氣剛好吸滿。（圖6－148）

然後用鼻徐徐將氣呼出。

圖6－148

（四） 雄鶴展翅

接上動，配合鼻均勻細長地吸氣，同時，右手朝左畫，身隨手動，右手至左肩時，下盤剛好成左弓步；此時氣吸滿閉住，右手用慢力朝右側下方畫移，直至臂直而止，然後將氣呼出。（圖6－149）

圖6－149

接著，用鼻吸氣，左腳蹬力右轉成右弓步，右手伸指一抓握拳，挽拳屈臂向內拉收，閉息，至拳與鼻平時停住；左手握拳屈肘於左肋前。（圖6－150）

至氣閉不住時，用鼻徐徐將氣呼出，同時左腳向內側收攏立身，兩拳收於腰際。（圖6－151）

至此時，右手鶴形即畢，接練左手鶴形。

圖 6－150

圖 6－151

（五） 剪翼沖天

接上動，右腳向正前方左側上進一步，左腳蹬力前擁身成右弓步。同時，兩手成掌收立於兩肩前，十指朝上，掌心向前；肘臂下拉，腋夾緊，使胸前挺，鼻自然深吸氣，目視正前左斜方。（圖6－152）

接著，配合鼻均勻細長地吸氣，同時，兩手立掌從肩前朝左右用緩慢之力推伸，至兩臂推直時氣剛好吸滿。（圖6－153）

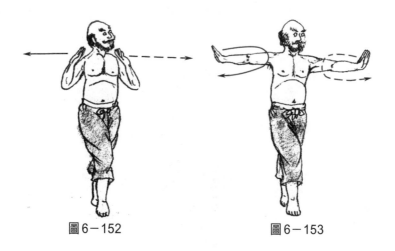

圖6－152　　　　　　　圖6－153

然後將氣閉住，兩掌內旋朝肩前收攏，至肩平時復將十指伸平展兩臂朝左右標出，力度以溫和為主，勁注指尖；然後用鼻將氣徐徐呼出。（圖6－154）

接著，用鼻均勻細長地吸氣，同時，左腳朝左側前方上一步，右腳蹬力擁身成左弓步；上體用緩力左旋轉，兩

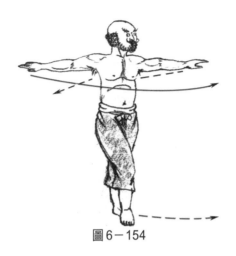

圖6-154

臂伸平用暗勁,右臂伸於左前方,掌心朝下;左手伸於後
方,直至氣吸滿吞咽,暗勁運力通臂指,然後用鼻將氣徐
徐呼出。(圖6-155)

圖6-155

（六） 鶴膀手

接上動，配合鼻吸氣，上體右轉身，左腳蹬力右擁成右弓步的同時，右手隨旋身用鶴膀勁快力收於右腰側，左手畫弧收至右腰際。然後閉息，兩手相應朝左右抖鶴膀勁，並將氣呼出。（圖6－156）

圖6－156

接著，配合鼻均勻細長地吸氣，同時，左手猛抖兜力朝腹前用慢力運出，臂腋夾緊至肘尖移至腹前而止，手指成鶴膀勢；右手於左腰際不動，全身用暗力，至氣吸滿後再徐徐呼出。（圖6－157）

圖6－157

（七）鶴嘴手

接上動，配合鼻均勻細長地吸氣，同時，左手成鶴嘴勢用暗勁上兜至右肩前時，上體左轉，右腳蹬力朝左擁身成左弓步，左右手成鶴嘴勢隨轉身自胸前中心用慢力前推，兩臂保持不屈不直，氣吸滿吞咽，然後徐徐呼出。（圖6－158）

圖6－158

接著，鼻吸氣，右手停住不變，左手用勁緩緩前推，至小臂伸平而止，此時氣剛好吸滿。（圖6－159）

然後用鼻徐徐將氣呼出。

圖6－159

（八） 雄鶴展翅

接上動，配合鼻均勻細長地吸氣，同時，左手朝右畫，身隨手動，左手至右肩時，下盤剛好成右弓步，此時氣吸滿閉住，左手用慢力朝左側下方畫移，直至臂直而止，然後將氣呼出。（圖6－160）

圖6－160

接著，用鼻吸氣，右腳蹬力左轉成左弓步，左手伸指一抓握拳，挽拳屈臂向內拉收，閉息，至拳與鼻平時停住；右手握拳屈肘於右胸前。（圖6－161）

至氣閉不住時，用鼻徐徐將氣呼出。

圖6－161

（九） 雄鶴獨立

接上動，重心左移於左腿，同時左拳收於腰際，右腳提起成盤膝狀，目視前方。（圖6－162）

接著，配合鼻均勻細長地吸氣，同時，右腳掌右移，將膝收至腹前成正提膝，兩手十指一開，即用力握緊上提至胸前交叉，左內右外，腋肋夾緊；氣吸滿後吞咽入腹。（圖6－163）

隨後閉氣，左右手同時伸食、中二指猛地朝下快力抖落；兩臂伸直，氣注指尖；左腳獨立不動。（圖6－164）

然後用鼻徐徐將氣呼出。

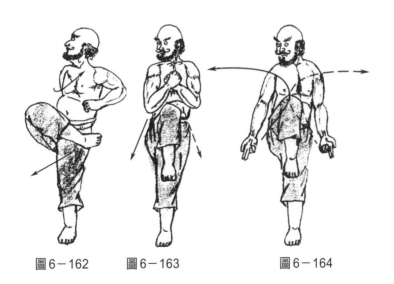

圖6－162　　圖6－163　　　　圖6－164

（十） 白鶴過洞

接上動，配合鼻均勻細長地吸氣，同時，左右手下落
內合腹前，向上移至胸前時，繼左右慢力分開成平肩勢，
手心向下，氣注指尖。（圖6－165）

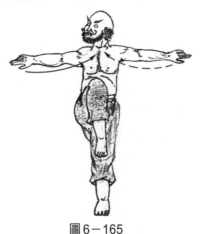

圖6－165

然後將氣閉住，兩手
內合，以暗力推抱至胸前
如抱球狀。（圖6－166）

至氣閉不住時，用鼻
徐徐將氣呼出。

圖6－166

（十一）　鶴形鶴嘴勢

接上動，配合鼻均勻細長地吸氣，同時，右腳朝右側落步，以腳尖點地，左腿蹬直，右膝前弓；右手鶴形手，左手鶴嘴手，於胸中心以不快不慢之力推出，右手朝前平胸，左手朝外至左肩外方，力注指掌。（圖6－167）

圖6－167

氣吸滿後閉住，右腳落跟支撐，左腳屈膝緩緩提起，兩手用勁向內合攏交叉，右手停於左肘，左手停於右肘；左膝貼近左臂；至此氣閉不住，用鼻徐徐呼出。（圖6－168）

繼之左腳落步，右腳上前一步成腳尖點地；此

圖6－168

時，配合鼻均勻細長地吸氣，左腿蹬直，右膝前弓；右手鶴形手，左手鶴嘴手，於胸中心以不快不慢之力推出，右手朝前平胸，左手朝外至左肩外方，力注掌指。（圖6－169）

此時氣吸滿，再用鼻將氣徐徐呼出。

圖6－169

（十二） 鶴形大揉手

接上動，配合鼻均勻細長地吸氣，同時，右腳跟落地成右弓步；兩手用力一蕩收至心口處時閉氣，用緩力前推出，兩手臂以不屈不直，用暗勁注力即可。（圖6－170）

然後用鼻徐徐將氣呼出；繼而吸氣，同時左腳上前一步，右腳蹬力成左弓步；兩手運勁向前推出使兩手相交時，閉氣運力，將兩手左右分開，肘臂屈蓄，至胸腋擴展時止。（圖6－171）

然後用鼻將氣徐徐呼出。

圖6-170

圖6-171

（十三）鶴爪手

接上動，重心落於左腿獨
立支撐身體，配合鼻均勻細
長地吸氣，同時，右腿提膝上
收，使大腿至膝段儘量貼於右
側胸腹部，兩手隨起身交叉畫
力，右手推至左肘前，左手推
至右肘前，全身聚力，左腳五
趾掙力抓地；氣吸滿後繼用鼻
徐徐呼出。（圖6-172）

隨後，以鼻吸氣的同時，
右腳朝前上地面落步，左腳蹬
力右弓步；左右手同時變鶴爪

圖6-172

由心口前朝前方用緩慢之勢推移而出，至臂直時氣剛好吸滿。（圖6－173）

圖6－173

然後將氣閉住，兩手扣指挽拳用勁朝胸前拉回至下巴前，兩腋生勁，肱膊注力。（圖6－174）

圖6－174

（十四）　雄鶴獨立

接上動，重心移於右腿獨立支撐身體，用鼻將氣徐徐呼出，同時，左腳提膝盤腿，腳跟貼於右大腿外沿，兩手下收於腰際兩側，頭左轉，目視左側方。（圖6－175）

圖6－175

接著，配合鼻均勻細長地吸氣，同時，左腳掌左移，將膝收至腹前成正提膝，兩手十指一開，即用力握緊上提至胸前交叉，右內左外，腋肋夾緊；氣吸滿後吞咽入腹。（圖6－176）

隨後閉氣，左右手同時伸食、中二指猛地朝下快力抖

圖6－176

落;兩臂伸直,氣注指尖;右腳獨立不動。(圖6-177)

　　然後,用鼻徐徐將氣呼出。

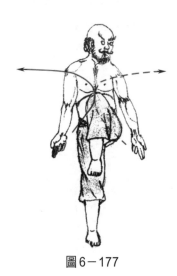

圖6-177

(十五) 白鶴過洞

　　接上動,配合鼻均勻細長地吸氣,同時,左右手下落內合腹前,後向上移至胸前,繼向左右用慢力分開成平肩勢,手心向下,氣注指尖。(圖6-178)

　　然後將氣閉住,兩手內合,以暗力推抱至胸前如抱球狀。(圖6-179)

　　至氣閉不住時,用鼻徐徐呼出。

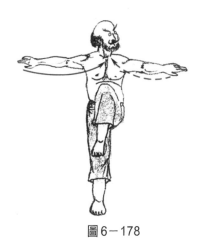

圖6－178

圖6－179

（十六） 鶴形鶴嘴勢

接上動，配合鼻均勻細長地吸氣，同時，左腳朝左側落步，以腳尖點地，右腿蹬直，左膝前弓；左手鶴形手，右手鶴嘴手，於胸前中心以不快不慢之力推出，左手朝前平胸，右手朝外至右肩外方，力注指掌。（圖6－180）

氣吸滿後閉住，右腳落跟支撐，左腳屈膝緩緩提起，兩手用勁向內合攏交

圖6－180

叉，左手停於右肘，右手停於左肘前；右膝貼近右臂；至此氣閉不住，用鼻徐徐將氣呼出。（圖6－181）

圖6－181

繼之右腳落步，左腳上前一步成腳尖點地，此時，配合鼻均勻細長地吸氣，右腿蹬直，左膝前弓；左手鶴形手，右手鶴嘴手，於胸中心以不快不慢之力推出，左手朝前平胸，右手朝外至右肩外方，力注掌指。（圖6－182）

此時氣吸滿，再用鼻將氣徐徐呼出。

圖6－182

（十七）鶴形大揉手

接上動，配合鼻均勻細長地吸氣，同時，左腳落地成左弓步；兩手用力一蕩收至心口處時，閉氣用緩力前推出，兩手臂以不屈不直，用暗勁注力即可。（圖6－183）

圖6－183

然後用鼻徐徐將氣呼出；繼而吸氣的同時，右腳上前一步，左腳蹬力成右弓步。兩手運勁向前推出使兩手相交時，閉氣運力，將兩手左右分開，肘臂屈蓄，至胸腋擴展時止。（圖6－184）

然後用鼻將氣徐徐呼出。

圖6－184

（十八） 鶴爪手

接上動，重心落於右腿獨立支撐身體；配合鼻均勻細長地吸氣的同時，左腿提膝上收，使大腿至膝段儘量貼於左側胸腹部，兩手隨起身交叉畫力，左手推至右肘前，右手推至左肘前；全身聚力，右腳五趾掙力抓地；氣吸滿後，繼用鼻徐徐呼出。（圖6－185）

隨後，以鼻吸氣，同時，左腳朝前地面落步，右腳蹬力成左弓步；左右手同時變鶴爪由胸口前朝前方用緩慢之力推移而出，至臂直時氣剛好吸滿。（圖6－186）

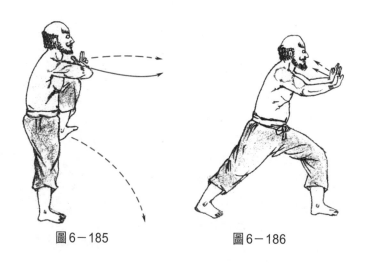

圖6－185　　　　　　圖6－186

然後將氣閉住，兩手扣指挽拳用勁朝胸前拉回至下巴前，兩腋生勁，肱膊注力。（圖6－187）

圖6－187

　　用鼻徐徐呼氣的同時，放鬆身體，左腳收攏於右腳內側，並步直立，兩手下落抱於腰際，平心靜氣，自然呼吸。（圖6－188）

　　全功結束。

圖6－188

第七章 少林心意把

起橫落順，劈打撩砸。

舉鼎分磚，蹬踹擠壓。

進身靠打，丹田吐納。

心意神把，名冠天下。

「八卦刁，太極柔，最毒不過心意把」「練拳不練把，等於瞎胡打；寧教十趟拳，不教一個把」。心意把一直被譽為「上乘擊技」，乃少林鎮寺絕技，歷來秘不示人，非得真傳者難悟其妙。

少林心意把不尚花架，著重實力，外形練時不過幾次起落、吞吐、飛縱、翻身，看似一勢反覆，其實內在結合意念、呼吸、發聲、運氣等內功心法，如此內外兼修，練至渾元一體，身如金剛：打敵立傷，打我不傷！少林寺千佛殿遺留的斜柱及內磚地上四十八個腳窩即是少林武僧練把發勁所致，可見其驚人殺傷力！

一、預備勢

兩腳開立與肩同寬，挺胸豎項，兩手貼於兩側褲縫，掌心朝裏，咬牙叩齒，目視左方。（圖7-1）

圖7-1

二、撅頭把

(1) 身體左轉，屈膝下蹲，左腳前點，成左虛步，兩膝相扣，同時，雙掌變拳左拉右墜，分別護於襠前和心前，拳心朝裏。（圖7-2）

圖7-2

(2) 左腳前跨一步，右腳隨之勾腳提起，同時，左拳提至胸口，右拳繞過左小臂上拉至右耳處（猶如提籃），拳心朝前，左拳變掌，立掌朝前推，口發「嗯」聲。（圖7-3）

圖7-3

(3) 右腳前落，左腳跟步，下蹲成彎套彎步（兩腳掌、腳跟著地，兩膝相扣），與此同時，左掌變拳上提，兩拳呈鋤頭勢，隨右腳下落雙拳劈下，拳眼朝下，口發「嗯」聲，猶如農夫鋤地，俗稱鋤地把或撅地把。（圖7-4）

此把為少林寺心意把

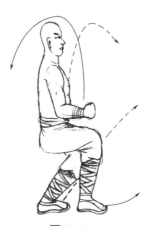

圖7-4

之母，由此可演變出十二大勢，又叫十二把。

三、亮翅把

　　右腳前點，雙腳向上，向前縱起，與此同時，雙拳變掌，在左胸前交叉後向兩側分撥，身體落下。（圖7－5、6）

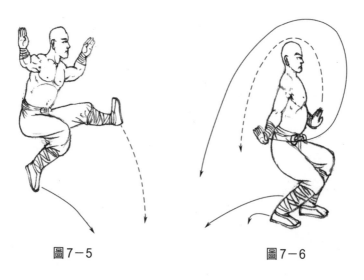

圖7－5　　　　　　　　　　　　　圖7－6

四、反劈把

　　以右腳跟為軸，起身右後轉，轉身同時，雙掌變拳上舉至左肩上方，待身子轉足180°後，直身下落，左腳在前，右腳在後，兩膝相扣。在身子落下的同時，雙拳用力劈下。（圖7－7）

圖7−7

五、進避把

(1) 左腿勾腳提起，雙拳上提至右肩上。（圖7−8）

(2) 左腳下落，右腳隨即向前跨進一步，左腳順勢跟步蹲身，成彎套彎腿，與此同時，雙拳用力下劈，拳輪朝下。（圖7−9）

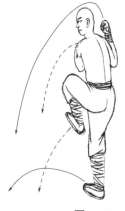
圖7−8

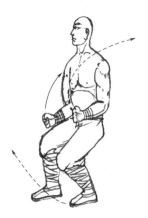
圖7−9

六、移身把

(1) 身子左轉，左腿勾腳提起，左拳變掌，隨轉身外撥。（圖7－10）

(2) 身子轉足180°後，左腳向前跨一步，右腳跟上，直身下蹲，成右丁步，與此同時，右拳經頭頂畫弧下劈，拳輪朝下。（圖7－11）

圖7－10

圖7－11

七、斜勢把

右腳跺地向後退一步，身子右轉成右弓步，左拳翻腕下拉，拳心斜朝上，右拳翻腕上提至右肩位，拳心朝後，目視左側。（圖7－12）

圖 7－12

八、順勢把

(1) 身子左轉90°，成左弓步，左拳變掌，經腹前畫弧向前穿出，掌心朝上。（圖7－13）

(2) 右腳向前跨一步，右拳變掌與左掌在胸前交叉，掌心均朝上。（圖7－14）

圖 7－13

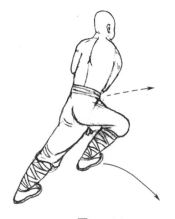

圖 7－14

(3) 上動不停，右腳下落成右弓步，兩掌翻轉，右掌向前穿出，掌心朝下，左掌收於腰間，目視前方。（圖7－15）

圖7－15

九、反推把

身子左轉180°，成左弓步，隨轉身左掌上架，右掌立掌推出。（圖7－16）

圖7－16

十、撩陰把

右腳前跨一步，左腳跟上，成彎套彎腿。同時，左掌變成虎爪，經體前畫弧上舉復置頭頂，右掌變虎爪抓襠，爪心朝前。（圖7－17）

圖7－17

十一、騰挪把

(1) 左腳上步，成彎套彎腿，同時，雙拳上提至左肩上方，然後劈下。（圖7－18）

(2) 身子右轉180°，右腳倒退一步，仍成彎套彎腿，轉身同時，雙拳上提至左肩上方然後劈下。（圖7－19）

(3) 左腳前上一步，右腿勾腳提起，兩拳上提至右肩上，如鋤地狀。（圖7－20）

(4) 右腳跺地，左腳前伸，身子直落，兩拳隨之劈下。（圖7－21）

圖 7 - 18

圖 7 - 19

圖 7 - 20

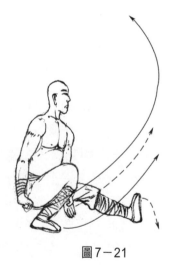

圖 7 - 21

(5) 身子由左腿支撐站起，右腳勾腳提起，隨起身雙拳由下向上提打。（圖7－22）

圖7－22

(6) 右腳落地，左腳跟步蹲身，成彎套彎腿，雙拳隨之劈下。（圖7－23）

圖7－23

十二、展翅把

(1) 以左腳為軸，身子右轉180°，隨轉身掄起雙拳劈下。（圖7－24）

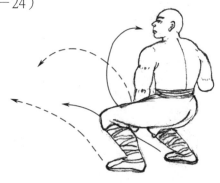

圖7－24

(2) 身子縱起，雙拳變掌，在胸前交叉後向兩面分撥，落地後成並步，兩掌變拳同時下劈。（圖7－25、26）

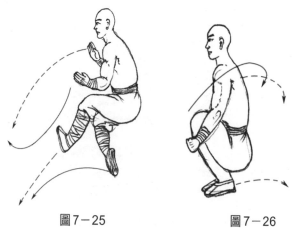

圖7－25　　　　　　　圖7－26

十三、推蒼把

(1) 左腳後退一步成左弓步，兩拳向右、向上、向下畫弧。（圖7－27）

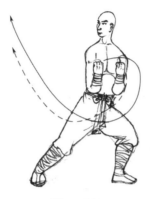

圖7－27

(2) 兩拳置於腹前時，左腳蹬地成右弓步，與此同時，雙拳變掌由腹前向前上推掌。（圖7－28）

圖7－28

十四、虎撲把

(1) 身子左轉180°，右腳支撐，左腿伸直下蹲，雙掌隨轉身由上往下抓。（圖7－29）

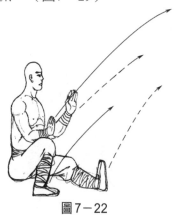

圖7－22

(2) 身子躍起，同時兩虎爪前抓。然後身子下落，兩腿成右跪步。（圖7－30、31）

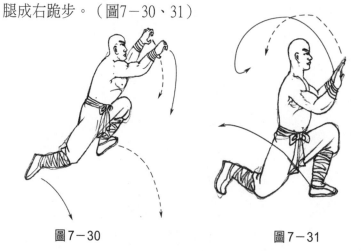

圖7－30   圖7－31

十五、收把勢

(1) 身子右轉180°，左腿勾腳抬起，右拳上提置於胸前，拳心朝下，左拳上提置於左耳側，拳心朝外。（圖7－32）

(2) 左腳落地，雙拳劈下。（圖7－33）

圖7－32　　　　　　圖7－33

國家圖書館出版品預行編目資料

少林內功真經 / 田建強 編著
——初版，——臺北市，大展，2012 [民 101.02]
面；21 公分—（少林功夫；26）
ISBN　978-957-468-857-9（平裝）
1.少林拳
528.972　　　　　　　　　　　　　　　　100025844

少林內功真經

編 著 者/田　建　強
責任編輯/何　宗　華
插　　圖/凌　　召
發 行 人/蔡　森　明
出 版 者/大展出版社有限公司
社　　址/臺北市北投區（石牌）致遠一路 2 段 12 巷 1 號
電　　話/（02）28236031，28236033，28233123
傳　　真/（02）28272069
郵政劃撥/01669551
網　　址/www.dah-jaan.com.tw
E-mail/service@dah-jaan.com.tw
登 記 證/局版臺業字第 2171 號
承 印 者/傳興印刷有限公司
裝　　訂/眾友企業公司
排 版 者/千兵企業有限公司
授 權 者/安徽科學技術出版社
初版 1 刷/2012 年（民 101）2 月
初版 2 刷/2018 年（民 107）12 月　　　　　　　　　定價/200 元

大展好書　好書大展
品嘗好書・冠群可期